W0415991

LES VACANCES DE L'HISTOIRE

Sous la direction de
François Reynaert

Illustrations
Stéphane Trapier

LES VACANCES DE L'HISTOIRE

Reines, dictateurs et présidents : comment les puissants passent leurs étés

Flammarion Le Nouvel Obs

© Flammarion, 2024
ISBN : 978-2-0804-5213-9

INTRODUCTION

Un mot avant le grand départ

Par François Reynaert

Comme nous le rappelle un des chapitres de ce livre, on se représente forcément Lénine debout, le doigt tendu, dans la posture virile et déterminée de l'homme qui va changer le monde. Qui se le figure les pieds dans l'eau de l'Atlantique, le bas du pantalon retroussé, occupé à pousser un filet à crevettes sur la plage de Pornic ? C'est bien là, pourtant, qu'il a passé son été 1910, dans une petite location dénichée par sa chère épouse, du temps de leur exil en France. On peine tout autant à imaginer notre général de Gaulle arpentant, le nez en l'air, les rues de Tolède ou de Séville, pour regarder les églises et les magasins de souvenirs, comme des millions de touristes le font chaque année. Ou encore Churchill en train de saucissonner sur une nappe de pique-nique, au bord de la route qui le conduira passer quelques jours de repos dans le sud du Maroc. Si ? D'accord ! Pour Churchill, on peut faire une exception. On sait l'homme assez fantasque pour s'essayer à toutes les postures sans jamais se départir de son humour ni de son élégance. Ajoutons donc que cette halte marocaine se fit à côté d'un autre grand de ce monde nommé Franklin Delano Roosevelt et qu'elle se déroula en 1943. Eh oui ! Même au beau milieu de la guerre la plus atroce, le Premier Britannique avait réussi à convaincre son allié américain de s'offrir un week-end à Marrakech.

Les vacances ! Pour bon nombre d'entre nous – tout au moins les privilégiés qui ont la chance de pouvoir s'en offrir –, le mot respire le bonheur et tout ce qui va avec, les bains de mer, les balades à la campagne, les voyages, les retrouvailles en famille, les apéritifs interminables et les pieds dans l'herbe. Par force, tous les puissants – et les puissantes – qui peuplent nos livres d'histoire en ont pris aussi. Pourquoi diable ces ouvrages n'en parlent-ils jamais ? À la rédaction du *Nouvel Obs*, nous avons estimé qu'il y avait là une terre vierge qui méritait d'être explorée. Pendant deux étés de suite, nous avons publié une série d'articles explorant ce thème. Leur succès auprès de nos lecteurs a donné l'idée à la maison Flammarion d'en faire un livre. Nous nous sommes donc replongés avec plaisir dans nos recherches pour étoffer notre base de départ d'un grand nombre de textes inédits. L'ensemble compose le volume que vous avez entre les mains. Il ne prétend pas épuiser le sujet (si besoin, nous avons des réserves pour un tome 2 !). Par sa variété, vous le constaterez vite, il en montre la richesse insoupçonnée.

Les deux textes qui ouvrent le bal, par rapport à ceux qui suivent, font un peu figure d'exception. Le premier nous emmène au bord du golfe de Naples et fort loin dans le temps, à l'époque de la Rome antique. Contrairement à tous les autres, il ne suit pas les pas d'un personnage de pouvoir, mais nous entraîne dans un lieu particulier – et méconnu – prisé des dominants de l'époque : l'étonnante Baïa, station balnéaire du golfe de Naples. La ville est désormais engloutie dans les eaux de la mer Tyrrhénienne, comme si Neptune et ses nymphes marines avaient voulu recouvrir d'une vague de pudeur les siècles de péchés qui s'y étaient déroulés. Les riches Romains allaient s'y adonner aux délices faisant le charme de leur classe et de leur époque, banquets délirants, orgies en tous genres, assassinats divers et autres délires de psychopathes. Le parallèle avec certains amusements touristiques de notre siècle nous a paru évident. On n'en était pas exactement aux soirées douches de champagne à Ibiza pour oligarques russes et influenceuses en *crop top*, mais au jeu du grand n'importe quoi, les heureux du monde, vous vous en rendrez compte, étaient déjà doués.

Le deuxième chapitre nous fait faire lui aussi un pas de côté. Il ne raconte pas de vraies vacances, mais un voyage, ce qui est un peu différent. Il s'agit de celui que fit, aux États-Unis, à la toute fin du XVIIIe siècle, un certain duc d'Orléans avec ses frères. Chassés de leur France natale par les vicissitudes de la Révolution, les trois jeunes princes prennent quelques mois pour traverser l'Atlantique, visiter cette jeune République qui vient de naître et dont tout le monde parle. Ils poussent même la route, à cheval, pour aller rendre visite aux tribus indiennes, qu'ils décrivent avec beaucoup de respect. Trente ans après leur périple, à l'issue de la révolution de 1830, le duc, aîné du trio, devient Louis-Philippe Ier, roi des Français. À notre connaissance, il fut le premier et le seul de nos monarques à avoir partagé le calumet, le derrière dans l'herbe, avec des Cherokees. Nous nous en serions voulu de ne pas le raconter.

Nous entrons ensuite peu à peu dans le cœur du sujet. Chronologiquement, nous voilà déjà au XIXe siècle, soit plus d'un millénaire et demi après la Rome du premier chapitre. Pourquoi ce saut de géant ? Parce qu'il est fort compliqué de trouver durant cette longue période intermédiaire un équivalent crédible de ce que nous appelons les « vacances », et ce pour deux raisons.

Le mot, dans son étymologie même (du latin *vacare*), liée aux notions de *vide*, d'*inoccupé*, n'existe que dans l'opposition à son contraire, l'*occupation*, le travail. Or le propre du pouvoir, dans les sociétés monarchiques d'Ancien Régime, surtout depuis qu'à la Renaissance elles sont devenues des sociétés de cour, est d'avoir effacé cette distinction. Ni François Ier et ses successeurs, ni leurs homologues d'autres pays ne prennent jamais de *congés* puisque tout dans leur vie, du lever jusqu'au coucher, de la guerre à la chasse, de la réunion de leur Conseil au bal du soir, ne sert qu'à marquer l'exercice de leur pouvoir. Louis XIV a porté le système au pinacle. On rapporte qu'il continuait à traiter des affaires du royaume en recevant sur sa chaise percée, c'est dire combien était mince la frontière que nous avons dans la tête séparant le privé du public et le travail du repos. Que dire du malheureux monde des courtisans ! Seuls quelques doux rêveurs pensent encore qu'à courir de fêtes en comédies-ballets ces gens menaient des vies de plaisir. Dans l'*open space* de la galerie des Glaces, ils avaient plutôt un boulot à plein temps et qui ne ménageait guère de RTT. L'impérieux Bourbon avait même conçu Versailles pour cela. Traumatisé par la Fronde qui avait failli jeter à bas l'autorité monarchique, il aimait à savoir tous les Grands de son royaume dans la cage dorée où il les tenait à vue, comme les beaux animaux exotiques dans sa ménagerie, et ne traitait pas si différemment ceux-ci et ceux-là, estimant – à raison – qu'il suffisait de leur lâcher à tous quelques friandises une fois de temps en temps pour qu'ils se tinssent tranquilles. Pour la noblesse de cour, le jeu pouvait être rentable mais il était sans répit. Il suffisait à un malheureux d'aller souffler un peu trop longtemps du côté de ses domaines pour que le couperet tombât : « Où est donc M. de X… ? lâchait le monarque. On ne le voit jamais ! » Fin des faveurs et des prébendes.

Sous d'autres latitudes, à d'autres époques, quelques couronnés tâchèrent, c'est vrai, de se ménager ce qui pourrait ressembler à des *congés*, dans le but de desserrer pour quelque temps l'étouffant corset du protocole. On pensera bien sûr à Marie-Antoinette jouant à la bergère dans sa ferme du Hameau, au Trianon. Nous ne l'avons pas mise au sommaire, nous aurions pu. En revanche, nous n'avons pas oublié une autre célèbre Autrichienne, la fameuse impératrice Élisabeth, dite Sissi. Elle n'avait pas la passion des moutons mais se découvrit une inclination immodérée pour les îles et les bateaux, qui lui permettaient d'échapper temporairement – mais dans quel scandale ! – à l'asphyxie de la Vienne des Habsbourg et aux diktats de sa belle-mère.

Sous l'influence de la tradition impériale chinoise, le monde extrême asiatique eut de son côté le goût des « palais d'été », où l'on se réfugiait au temps des grosses chaleurs. Les empereurs d'Annam – on le découvrira bientôt à travers l'exemple étonnant de Tu Duc, dernier souverain libre avant la colonisation de son pays par les Français – les appelaient des « tombeaux », car ces lieux de détente étaient aussi ceux où ils prendraient leur repos éternel.

Rien de tel dans le modèle déposé par la France du Grand Siècle, qui resta longtemps l'idéal des cours européennes. Aucunes *vacances* n'y étaient possibles. S'il était passé sous l'auguste perruque du Roi-Soleil l'idée saugrenue d'aller se faire bronzer sur une plage, ducs et princesses se seraient entredéchirés pour lui passer l'écran solaire, le parasol, le petit seau et la pelle à sable. Cela n'aurait été un moment de détente pour personne, mais une corvée de plus pour tout le monde.

L'hypothèse est évidemment inepte pour une autre raison : la mode des bains de mer, et plus généralement des loisirs d'été, n'existait pas encore. C'est le deuxième point où nous voulions en venir. Pour arriver à la généralisation de l'idée de vacances comme nous l'avons tous en tête – les beaux jours dédiés au farniente –, il faut une autre révolution que celle qui a mis à bas l'Ancien Régime et dessiné pour nos gens de pouvoir une limite entre vie publique et vie privée. Il faut aussi la révolution industrielle, celle qui développe le mode de vie urbain et opère la rupture avec l'antique cycle des travaux et des jours du monde agricole. Dans celui-là, l'été n'est pas oisif, bien au contraire. Il est le moment où il faut se retrousser les manches pour tout ce qu'il y a à faire dans les champs – les fenaisons, les moissons, les récoltes, etc. Notre calendrier scolaire est d'ailleurs un lointain dérivé de cette découpe du temps. Dans la France des débuts de l'instruction obligatoire, à la fin du XIXe siècle, si l'on fait cesser l'école du 14 juillet à la mi-octobre – comme on le faisait déjà dans les universités médiévales –, ce n'est pas pour permettre aux gamins de partir en colonie pendant trois mois, c'est pour qu'ils puissent se consacrer à tout le labeur des champs, des moissons aux vendanges. Le pays est encore très majoritairement rural. La bourgeoisie qui est au pouvoir ne l'est plus.

Elle popularise peu à peu de nouvelles manières de passer la belle saison en empruntant des coutumes souvent lancées, c'est vrai, par les aristocrates. Il y a les cures thermales, très pratiquées, on le verra, par les classes au pouvoir et particulièrement les diplomates qui n'aimaient rien tant que de se retrouver dans les beaux hôtels casinos de Marienbad, de Baden, de Vichy ou de Plombières pour y jouer le sort de l'Europe entre les tables de jeu et les salles de soins. Ceux qui ne prisent pas l'eau ferrugineuse peuvent commencer à se faire à l'eau salée. L'idée – très étrange quand on y pense – d'aller taquiner les crabes et les crevettes en se trempant dans cette vaste étendue si peu hospitalière qu'on appelle la mer vient de la grande société britannique. Elle s'y est convertie peu à peu depuis qu'au milieu du XVIIIe siècle un médecin avait affirmé qu'il n'y avait pas mieux que de « prendre la vague » pour guérir les maladies de nerfs. La duchesse de Berry, belle-fille du roi Charles X, passe pour être la première, en 1824, à s'être jetée à l'eau de notre côté de la Manche. C'était à Dieppe. Près de deux mille badauds, dit-on, assistaient à cette exhibition étrange qui était l'événement mondain de la saison. Quelques décennies plus tard, les côtes sont couvertes de « stations balnéaires » et tout le monde ou presque apprend à faire trempette. Même les mouvements ouvriers ont compris que les loisirs de plage étaient une bonne technique pour redonner des couleurs aux pauvres enfants chlorotiques des classes laborieuses. Ils organisent les premières « colonies de vacances ». C'est sur leurs traces que marche le barbichu Lénine, avec qui nous avons commencé notre promenade.

Nous voilà au XXe siècle, celui qui voit enfin le tourisme s'adresser au plus grand nombre. Ceux qui font profession de parler aux masses ont bien compris son intérêt stratégique. Duce d'Italie et roi de la mise en scène, Mussolini est – à notre connaissance – le premier dirigeant d'importance à s'afficher à la plage, en maillot de bain. Cela lui permet de se vendre en athlète prenant – littéralement – à bras-le-corps la destinée du pays. Des décennies plus tard, un certain Poutine, torse nu sur son cheval en Sibérie, courra sur ses brisées. Plus complexé physiquement, Hitler ne se dénude jamais mais se fait photographier seul dans la montagne bavaroise (avec un agent de sécurité planqué derrière chaque rocher), semblant prendre de la hauteur pour mieux élever le destin de l'Allemagne. À dire vrai, les postures vacancières ne seront pas absentes des politiques de communication des grands leaders démocratiques. Comme on le découvrira, les photos de plage des Kennedy à Cape Cod, fameuse presqu'île de la côte est américaine, ne pèsent pas pour rien dans la construction du glamour de cette famille hautement politique. Et combien d'exemples encore pourrions-nous vous donner ! On se gardera de le faire, pour vous laisser le plaisir de quelques découvertes. Vous avez compris tout le sel du voyage auquel nous vous convions. Il a pour but, bien sûr, de vous distraire, mais aussi de vous dévoiler des coulisses estivales qui vous apprendront beaucoup. Ce livre s'intitule *Les Vacances de l'Histoire*. Vous avez déjà saisi que l'Histoire, elle, n'en prend jamais.

WELCOME
TO Fabulous
BAÏA

LES VACANCES DE L'HISTOIRE

Orgies romaines dans le Saint-Tropez de l'Antiquité

Par Timothée Vilars

La cité balnéaire de Baïa, au bord du golfe de Naples, a été le lieu de tous les excès des riches Romains pendant des siècles. Puis elle a disparu au fond de la Méditerranée.

Que reste-t-il de l'écho des fêtes ? Des portiques immergés, des copies de statues englouties, des routes pavées tapissées d'algues, polies par l'âge et l'eau. Par temps calme, les touristes peuvent aujourd'hui contempler le labyrinthe de ruines depuis un bateau muni d'un fond en verre ; seuls les plongeurs ont le privilège de voir de près la mythique ville de Baïa, qui dort depuis quinze siècles au fond du golfe de Naples après avoir été le Las Vegas ou le Saint-Tropez de l'Empire romain. Le gratin de la noblesse, des artistes aux empereurs, y venait en vacances plusieurs mois par an, donnant au lieu une réputation sulfureuse – au propre et au figuré, la ville ayant été bâtie sur des sources thermales d'origine volcanique vantées par Pline l'Ancien et Strabon comme les plus curatives et les plus abondantes d'Italie.

À la construction de la cité balnéaire, vers la seconde moitié du IIe siècle avant notre ère, la zone était connue sous le nom des « champs phlégréens », du grec *phlegraios*, signifiant « brûlant », en raison d'une proche caldeira, un de ces volcans effondrés qui étaient considérés sous l'Antiquité comme les points de passage vers le monde souterrain. Placée sous le patronage d'Ulysse, qui y aurait enterré son timonier Baios, la ville est peinte par Turner dans une évocation mythologique.

À l'installation des premiers colons grecs, malgré une activité tellurique calme, fumerolles et sources chaudes émaillaient déjà la région. Le ciment issu des roches volcaniques, mêlé à de la chaux, crée une matière imperméable qui permet des innovations architecturales. La douceur de la fertile Campanie fait le reste. Baïa, à 200 kilomètres de Rome et 30 de Naples, va devenir un lieu huppé synonyme d'assouvissement des désirs. Très vite, l'élite financière et politique s'y fait construire de somptueuses villas près des plages, disposant de thermes chauffés et de piscines carrelées de mosaïques. Des paparazzi antiques y auraient guetté Jules César, Pompée, Crassus, Varron et même Cicéron : à la fin de la République, l'avocat star s'y installe régulièrement pour écrire, loin du vacarme du Forum romain. Un peu plus tard, le poète Virgile et l'écrivain Pline l'Ancien disposeront également de résidences à quelques pas des grands thermes. Il faut dire que le thermalisme, qui deviendra à la mode en France sous le Second Empire, est déjà prescrit médicalement. Dès 176 avant notre ère, le consul Hispallus vient dans la région soigner sa paralysie, nous apprend Tite-Live. En 23 av. J.-C., le jeune neveu de l'empereur Auguste, Marcellus, y mourra de maladie malgré les rigoureux traitements à base de bains de mer glacés préconisés par le médecin impérial Antonius Musa.

Goutteux et rhumatisants sont loin de constituer l'unique cœur de cible de la cité balnéaire. Celle-ci acquiert la réputation d'un espace de libertinage, d'adultères et de libations en tout genre, d'autant qu'elle sert aussi de halte aux soldats romains – le repos du guerrier ! En mars et avril, pendant les vacances printanières du Sénat, les sénateurs affluent en masse sur le littoral. Il faut dire que sous la Rome antique, on ne plaisante pas avec l'*otium*, le temps du loisir, à tel point que le *negotium*, le temps du travail, n'est étymologiquement que la négation du premier ! Loisir de groupe et… de caste : « Les loisirs thermaux sont des éléments d'identification de toute une frange de la population, celle des *nobiles* à la fin de la République, puis celle des riches sénateurs et enfin des chevaliers après Auguste », note la revue *Histoire urbaine* dans un article sur le thermalisme à Rome.

« Auberge des vices »

Qu'y fait-on ? Promenades le long du rivage, canotage, concerts, déjeuners fins. Les huîtres de Baïa, vantées par Apicius, Martial et Juvénal, sont réputées. Et le soir ? Charles de Brosses, écrivain du XVIIIe siècle qui raconte son passage sur les lieux dans sa correspondance, rêve aux soirées de l'époque : « Les jolis soupers qu'on allait faire en se promenant à pied à la bastide de Lucullus, près du promontoire de Misène ! Le beau spectacle pour sa soirée que ces gondoles dorées, ornées tantôt de banderoles de couleur, tantôt de lanternes, que cette mer couverte de roses, que ces barques pleines de jolies femmes en déshabillé galant, que ces concerts sur l'eau pendant l'obscurité de la nuit ; en un mot, que tout ce luxe si vivement décrit et si sottement blâmé par Sénèque ! »

Il faut dire que Sénèque, peu coutumier des excès, comme on le sait, n'a que fort peu goûté son séjour sur place, alors qu'il est brièvement contraint d'y accompagner la cour de Néron. Tout à sa croisade contre l'*otium luxuriosum* (le loisir pervers), qu'il oppose à l'*otium rusticum*, congé fait de « ressourcement physique et de retraite studieuse », cet « amateur de bains froids » ne pouvait guère se plaire au pays des sources chaudes. « Qu'ai-je à faire de ces bains chauds, de ces étuves emplies de chaleur sèche propre à épuiser le corps ? », peste-t-il dans sa savoureuse cinquante et unième *Lettre à Lucilius*. « Que seul le labeur fasse couler notre sueur ! » Le philosophe est par ailleurs fataliste sur la frénésie de construction qui entoure la ville : « Partout où jailliront des ruisseaux d'eau chaude, de nouvelles stations de plaisir surgiront », se désespère-t-il. Et de dresser un tableau à vrai dire plutôt attrayant de la « corruption » de Baïa, « auberge des vices » où « le plaisir règne en maître » : « Est-il bien nécessaire d'avoir sous les yeux ces gens ivres errant le long des rivages, ces parties de plaisir en bateau sur les lagunes bruissantes de chants et de concerts, et tous ces excès que la débauche, comme affranchie des lois, commet et étale au grand jour ? »

Écœuré par les débordements de la jet-set romaine, le stoïcien reboucle ses valises dès le lendemain de son arrivée. Le « Baïa-bashing » semble être un leitmotiv facile du moralisme romain. Dans sa plaidoirie du *Pro Caelio*, où il entend attaquer l'immoralité de Claudia, l'ex-maîtresse de son client, Cicéron cite à cinq reprises ses voyages dans la cité, tant cette simple mention semble suffire à éclairer les mœurs de la jeune fille. Quelques décennies plus tard, dans ses *Élégies*, le poète Properce supplie sa muse Cynthia de « quitter au plus vite Baïa la corrompue », « rivages ennemis de la vertu des filles, responsables de tant de ruptures ». Et de s'exclamer : « Maudites soient Baïa et ses eaux funestes à l'amour ! » Son contemporain Ovide, davantage dans son élément, vante dans *L'Art d'aimer* « ces rivages toujours couverts de voiles, ces bains où bouillonne et fume une onde sulfureuse », villégiature « propre à la chasse aux belles »… mais dont les eaux thermales, malgré leurs vertus contre les maux du corps, ne sont pas sans risques d'effets secondaires pour le cœur : « Plus d'un baigneur, atteint d'une blessure nouvelle, soupire Ovide, a dit en les quittant : "Ces eaux vantées ne sont point aussi salubres qu'on le dit." » Décidément, il doit y avoir quelque chose dans cette eau…

Mort en silence

Sous l'empire, la ville gagne encore en importance. Pour s'y délasser de la vie capitoline, Auguste et ses successeurs y aménagent un sublime palais – moins austère que le fort de Brégançon, on l'avouera. En 39, l'empereur Caligula, suivant l'un de ses caprices, réquisitionne toutes les embarcations du golfe et jette un pont de bateaux allant de Baïa aux digues de Pouzzoles. La construction s'étend « sur une longueur de 3 600 pas » (5 kilomètres !), s'abasourdit l'historien Suétone dans sa *Vie des douze Césars*. Pour ce faire, l'empereur de vingt-cinq ans fait mettre à l'ancre des milliers de bateaux sur une double rangée et « les couvre de terre », avant de parader pendant deux jours sur cette voie romaine d'un nouveau genre, à cheval et même aux commandes d'un char. Une manière, selon Suétone, de réaliser la prédiction du devin Thrasylle, qui avait assuré à Tibère que Caligula « ne serait pas plus empereur qu'il ne traverserait à cheval le détroit de Baïa »… Et toc. Son successeur Claude, lui, aménagera dans le palais impérial un chef-d'œuvre de nymphée, vaste bassin ornemental encerclé de statues (dont celle de sa fille), pour y recevoir à dîner ses invités les plus distingués : la salle a survécu jusqu'à nos jours. Néron séjourne lui aussi longuement à Baïa, quand sa mère Agrippine préfère la ville voisine de Baule.

Un tableau de 1900 du peintre polonais Jan Styka, intitulé *Néron à Baïa*, y montre le jeune empereur, l'air sombre sur un trône de pierre, un tigre à ses pieds, sur fond d'un paysage volcanique aux inquiétantes lueurs orange… Peut-être médite-t-il son futur matricide. En 59, à la fin des fêtes de Minerve, il raccompagne sa mère à bord d'une galère qu'il a soigneusement fait saboter. Le navire se disloque dans la baie de Naples, mais, comme le raconte Tacite, Agrippine, coriace, parvient à rejoindre le rivage à la nage. L'empereur, paniqué, décide de la faire liquider dans sa villa par un commando nocturne. Chacun ses vacances !

L'empereur Hadrien, qui vient soulager ses douleurs dans les eaux thermales, y termine quant à lui ses jours en 138 et Alexandre Sévère, son lointain successeur, réalise encore, au IIIe siècle, des aménagements d'ampleur dans la demeure impériale. Ces splendeurs ne résisteront plus longtemps à un phénomène géologique rarissime, le *bradyséisme* : le sol volcanique s'affaisse par à-coups, ensevelissant peu à peu la ville dans un tombeau aquatique. Cela se passe presque simultanément à la chute de Rome. Au contraire de Pompéi, la catastrophe de Baïa est lente, ne fera pas un mort et ne figera pas grand-chose : en silence et, dans l'anonymat, la ville de tous les excès s'éteint comme meurt son empire.

À LIRE Marie Guérin-Beauvois, « Les pratiques du thermalisme dans les villes de l'Italie romaine », *Histoire urbaine*, n° 1, 2000.

Ovide, *L'Art d'aimer*, Librio, 2022.

Suétone, *Vie des douze Césars*, Folio, 1975.

LES VACANCES DE L'HISTOIRE

Louis-Philippe chez les Indiens d'Amérique

Par Pascal Riché

C'est peu connu. Louis-Philippe Ier (règne 1830-1848), surnommé « la Poire couronnée », a eu une jeunesse aventureuse. En 1797, avec ses deux jeunes frères, il traverse l'Atlantique et parcourt 4 000 kilomètres à cheval dans un pays encore extrêmement sauvage.

Le 8 février 1797, Louis-Philippe, duc d'Orléans, retrouve en Amérique ses deux jeunes frères qu'il n'a pas vus depuis quatre ans. Il a vingt-trois ans, eux vingt et un et dix-sept. Il les attend depuis plusieurs mois. À cause des tempêtes, Antoine-Philippe, duc de Montpensier, et Louis-Charles, comte de Beaujolais, ont mis quatre-vingt-treize jours pour traverser l'océan sur un vieux rafiot suédois, le *Jupiter*, après une longue et dure captivité aux mains des révolutionnaires, dans le fort Saint-Jean à Marseille, où ils ont attrapé la tuberculose – mais ils ne le savent pas encore : les deux mourront une dizaine d'années plus tard.

Au départ, la famille était pourtant acquise au nouveau régime, issu de la Révolution. Leur père, Louis-Philippe d'Orléans, dit « Philippe Égalité », n'a-t-il pas voté la mort du roi en janvier 1793 ? Louis-Philippe lui-même n'a-t-il pas participé, quand il était adolescent, au club des Jacobins, puis combattu à Valmy et à Jemmapes ? Le vent a rapidement tourné pour la famille princière. Dès avril 1793, Louis-Philippe a déserté l'armée du Nord pour aller se terrer en Suisse ; sa mère a été assignée à résidence ; ses deux frères jetés au cachot. Quant à Philippe Égalité, il a été guillotiné et jeté dans une fosse commune.

Après bien des péripéties, dont une virée rocambolesque au pays des Lapons – jamais aucun Français n'était allé aussi loin au nord –, le jeune prince poursuit son exil aux États-Unis. Cela a fait partie d'un deal conclu avec le Directoire. La mode de la guillotine était passée, mais il était nécessaire d'éloigner le plus possible les derniers rejetons des Bourbons. Ses deux cadets, lui a-t-on donc fait savoir, seraient libérés s'il acceptait d'aller vivre avec eux outre-Atlantique. Louis-Philippe n'a pas hésité. Se faisant passer pour un négociant allemand, il a sauté dans un navire à Hambourg.

Il arrive en octobre 1796 à Philadelphie, une ville de 41 000 habitants, qui fait alors office de capitale des États-Unis. Il fréquente les salons francophiles. Les Bingham, les Morris, les Willing, les Cadwallader, les Chew sont trop heureux d'accueillir un « prince » d'Europe. Son allure modeste et bonasse est un peu décevante, mais ne descend-il pas « quatre fois » (c'est-à-dire par tous ses grands-parents) de Louis XIV ?

Il s'intègre. On raconte qu'il aurait même demandé au banquier Willing la main de sa fille Abby. Elle aurait refusé avec un double argument implacable. Comme il était trop pauvre, il ne la méritait pas ; s'il retrouvait sa fortune, elle ne le mériterait pas ! Il croise quelques émigrés célèbres (mais rate Talleyrand à cinq mois près) et il est présenté à de grands personnages de la jeune république américaine, à commencer par George Washington, qui fait alors ses adieux à la scène politique.

Maintenant, il embrasse ses deux frères éprouvés par tant de malheurs. Blonds et grands tous les deux, ils sont maigres et exténués. Ils ont dû finir leur périple à pied sous la neige, l'embouchure du Delaware étant obstruée par des blocs de glace. Les trois s'installent ensemble dans une petite maison en brique sur la IVe Rue. Ils assistent à l'investiture du président Adams. Puis ils s'ennuient.

Que faire ? Louis-Philippe n'est pas encore le roi bourgeois à la tête de poire qui fera les délices de Daumier. C'est un militaire à l'esprit aventureux. Il a vagabondé en Europe pendant trois ans et demi, sous divers noms d'emprunt, sans le sou alors qu'il était jadis l'aîné d'une des plus riches familles de France. Il a déjà traversé plusieurs pays. Il a mis enceinte une cuisinière en Suisse et la belle-sœur du pasteur qui l'accueillait en Laponie. Il a soif de connaître le monde.

Il a une idée. Après un si long confinement, Montpensier et Beaujolais ont besoin d'air et de grands espaces. Pourquoi ne pas partir le nez au vent ? Il en profiterait pour les instruire. Des vacances découverte. L'expression n'existe pas encore mais c'est bien ce dont il s'agit.

Louis-Philippe achète quatre chevaux pour 930 dollars, un pour chaque frère et le dernier pour son fidèle Beaudoin, le valet qui le suit comme une ombre depuis le début de son exil. Des grandes sacoches, des toiles cirées, des couvertures, des chiens. Commence alors une virée princière qui ne déparerait pas dans un western. Louis-Philippe et ses deux frères tiennent chacun un journal de bord. Seul le sien, composé de deux carnets d'un papier marbré rose et vert, sera retrouvé dans le coffre d'une banque à Londres, en 1955. Il y décrit avec minutie la nature, la géologie, et relate leurs diverses rencontres, parfois avec humour. Pour sa part, Montpensier « prend des vues » : il fait des croquis des paysages, qu'il reproduira à la gouache plus tard.

Ils partent le 25 mars 1797 et descendent vers le sud, à travers champs, marais et forêts, direction Washington. Sur le chemin, ils s'étonnent de la taille des arbres et du sort des esclaves. Un de leurs chevaux tombe d'un bateau, lors du passage de la Susquehanna. Après une escale à Baltimore, ils arrivent le 3 avril à Washington, une ville qui n'existe pas encore. Lors d'un célèbre dîner, Hamilton, Jefferson et Madison avaient décidé sept ans plus tôt d'installer ici la capitale fédérale, au bord du Potomac, dans cette plaine jouxtant les villages de Georgetown et Alexandria.

Quand les trois frères arrivent, les rues ne sont pas encore tracées, le Capitole commence à sortir de terre au milieu de nulle part. Louis-Philippe écrit dans son journal : « [Il] n'est autre chose qu'un péristyle de l'ordre corinthien ou plutôt une rotonde flanquée de deux ailes dont la gauche est destinée à la Chambre des représentants et la droite au Sénat. Celle-là est encore à fleur de terre ainsi que le dôme […]. » La construction de « la maison du président » (elle n'est pas encore « blanche ») est plus avancée : « Je crains bien que l'architecture paraisse lourde quand on aura ôté les échafauds. La porte d'entrée m'en a paru ridiculement petite. »

Louis-Philippe ne trouve pas ces bâtiments tellement plus beaux que « les nouvelles barrières de Paris ». Il note toutefois qu'à sa connaissance ces deux édifices en pierre sont « les seuls aux États-Unis ».

Chez George Washington

À Mount Vernon, sur les bords du Potomac, à quelques miles de là, la grande maison de leur nouvel ami George Washington est, elle, en bois. L'ancien président, qui y vit comme un gentleman-farmer, a invité les trois princes à lui rendre visite. Ils vont passer chez lui quatre jours, pour admirer son immense propriété cultivée par « environ quatre cents nègres ». Louis-Philippe s'afflige du sort de « ces malheureux ». Le droit de l'esclavage, qui varie selon les États, intrigue le jeune duc : « La loi de la Virginie inflige la même punition au maître assassin de son esclave qu'à tout autre assassin, mais il est fort rare qu'on en fasse l'application, car comme la loi refuse aux esclaves la faculté de témoigner, le fait n'est jamais prouvé. Le général Washington a interdit l'usage du fouet envers ses nègres, mais malheureusement cet exemple a été peu suivi. »

Les esclaves saluent, en se courbant, au passage de Louis-Philippe et ses frères. Les derniers leur rendent ce salut, ce qui choque, « car ici personne ne le fait ». Le futur roi analyse le système, qu'il juge voué à l'échec : « Comment s'étonner ensuite que les Nègres soient paresseux, puisque leur travail ne leur profite jamais et qu'au contraire c'est l'avantage de ceux qu'en général ils doivent haïr. »

Son valet, Beaudoin, parvient à parler aux esclaves de la propriété, et rapporte fidèlement leurs propos au prince. Il apprend ainsi que le cuisinier de George Washington s'est échappé. Et qu'il existe des clubs à Alexandria et à Georgetown, où les idées de liberté, poussées par les Quakers, progressent. « Le dernier recensement de la Virginie a donné pour résultat 770 000 habitants. On compte qu'il y en a presque les trois quarts qui sont noirs. Cette proportion est effrayante et sera tôt ou tard fatale aux États du Sud. Les idées de liberté sont déjà répandues parmi eux […] », écrit le futur roi.

Les quatre cavaliers quittent enfin leur illustre hôte. Leur objectif est de voir des Indiens et la légendaire « cascade de Niagara ». Washington leur dresse gentiment un itinéraire, dessiné à l'encre rouge de sa propre main : ils vont prendre vers l'ouest la vallée de la Shenandoah, rejoindre Nashville dans le Tennessee, remonter la vallée de l'Ohio vers le nord à travers le Kentucky, pour atteindre les Grands Lacs, puis revenir à Philadelphie. Il leur donne des lettres de recommandation destinées aux militaires qu'il connaît sur la route.

Pains de maïs et morceaux de lard

Commence alors l'aventure. Pendant quatre mois, les trois frères vont errer à cheval dans ce pays encore extrêmement sauvage. Ils dorment dehors (quinze nuits), dans des cabanes (quarante nuits), et le reste du temps dans de méchantes auberges tenues par des colons brutaux. Quatre mille kilomètres à cheval ! Ils mangent des galettes de farine de maïs et des morceaux de lard, du bœuf séché « dont un chien voudrait à peine », parfois un peu de gibier ou de dindon sauvage, et – s'ils ont de la chance – du café à la cassonade. Ils sont assiégés par les « mousticks ». Très curieux de tout, Louis-Philippe s'intéresse au mode de vie de ceux qu'ils croisent, mais, peu mondain, il craint les dîners avec leurs hôtes ou d'autres voyageurs : « Dans un pays aussi monotone que celui-là, le seul fruit à retirer de ces séjours et de ces dîners ne peut être que de l'ennui et une prolongation inutile de voyage. » Un jour, à Winchester, les trois princes en ont tellement assez qu'ils demandent à l'esclave de leur logeur allemand s'ils peuvent avoir leur deuxième dîner servi dans leur chambre. Cela ne fait pas partie des us et coutumes de la vallée de la Shenandoah. L'hôte le prend très mal, leur dit « qu'il ne souffrirait pas qu'il y eût deux tables dans sa maison », et le ton monte. Les quatre voyageurs font leurs paquets et quittent l'atrabilaire sous l'orage.

Le prince se désole de la qualité de la nourriture, de la paresse des Américains, des conditions sanitaires du voyage. « Le pot de chambre manque partout ; nous en demandions un chez M. J. Campbell et on nous répondit qu'il y avait des vitres cassées aux fenêtres. [...] En effet, il y a beaucoup de vitres cassées, il est bien rare ici de coucher dans une chambre hermétiquement fermée. L'autre jour, étant dans un grenier, nous cherchions la fenêtre ou l'ouverture destinée à nous tenir lieu de pot de chambre. Nous la découvrîmes à 10 pieds de haut, alors nous fîmes une réquisition positive pour obtenir un pot de chambre quelconque et on nous apporta une marmite ! »

Un autre jour, il s'étonne de l'absence de pudeur des Américains, observant un jeune homme « bien découplé » se déshabiller et se coucher, « très naturel », entre deux jeunes filles non mariées : « Cela nous parut assez extraordinaire », écrit-il. Et encore, choisissant ses mots : « Nous vîmes tout ce qu'on peut voir. »

Au milieu des Cherokees

Les Indiens ne semblent jamais trop inquiéter Louis-Philippe, qui « aime cette nation » et rêve d'en faire des alliés de la France, même si les histoires racontées dans les auberges avaient de quoi effrayer nos voyageurs. Un jour, ils sont même entourés par une tribu d'Indiens Sénécas plutôt menaçante, « les meilleures gens du monde excepté quand ils sont ivres ou excités à la colère », écrit drôlement Montpensier dans une lettre à sa sœur Adélaïde, ce qui n'empêche pas une soirée en leur compagnie.

Mais c'est vers Knoxville (Tennessee) qu'ils passent le plus de temps à étudier les autochtones d'Amérique. La paix a été signée avec plusieurs tribus un an plus tôt, et quelques militaires vivent à leurs côtés dans la petite garnison de Tellico Blockhouse. Les Indiens entrent et sortent librement du fort. Les trois frères découvrent la nourriture, les jeux, le calumet de la paix qu'ils partagent avec leurs nouveaux amis. À cette époque, aucun « touriste » français n'a encore fait cette expérience.

Louis-Philippe prend beaucoup de notes. Il s'intéresse à leurs bijoux, leurs vêtements, leurs baignades, leurs rites funéraires, leurs mœurs. Il apprécie leur liberté et les prend en affection. Il préfère les appeler « nation indienne » plutôt que « sauvages », « parce que, clame-t-il, je ne trouve pas que ces peuples méritent cette épithète en aucune manière ». Il apprend à distinguer les tribus locales, « Tcherokees », « Tchikesaws » et « Tchoctaws ». Il fait état d'une autre appelée les « Welsh Indians », à l'ouest du Mississippi, qui seraient des descendants de Gallois ayant fait naufrage au large du Mexique il y a des siècles et dont ils parleraient encore la langue – « Mais il y a tout lieu de croire que ce n'est qu'un conte », ajoute-t-il à juste titre.

Le futur roi de France rapporte que la nourriture indienne est bonne et semble très intéressé par le fait que les Indiens peuvent guérir « radicalement » et « en très peu de temps » les maladies vénériennes grâce à des végétaux. Il s'étonne encore qu'ils n'aient pas de religion, même s'ils croient vaguement en « le Grand

Homme là-haut ». Il est également très intrigué par leurs relations conjugales : « Un Indien peut avoir autant de femmes qu'il peut en nourrir ; il les prend et il les chasse comme des servantes et elles le quittent de même quand cela leur convient », remarque-t-il. Mais il affine l'analyse pour chaque tribu. Ainsi les Creeks sont « d'une jalousie et d'une sévérité excessives ». En cas de tromperie, « ils coupent les oreilles à leurs femmes très légèrement et en font autant aux étrangers qu'ils soupçonnent ». On goûtera le « très légèrement »... Rien à voir avec les Cherokees, qui au contraire « sont extrêmement indifférents » : « Si la femme d'un Tcherokee (*sic*) couche avec un autre homme, il se contente de la chasser sans rien dire à l'homme, trouvant au-dessous de sa dignité de quereller pour une femme. Ainsi toutes les Tcherokees sont-elles des vraies filles publiques dans toute l'étendue du terme, car les dollars ont avec elle tous les succès possibles. »

On est en droit d'imaginer que le prince a vérifié empiriquement cette dernière constatation. Leur guide indien leur montre en effet des maisons : « Quand les maris ou pères avaient la tête tournée, il ne cachait guère les jeux avec les femmes et les filles et elles étaient si peu honteuses qu'une d'elles qui était couchée lui mit devant moi la main à la culotte et lui dit avec dédain : "*Ah ! sick.*" »

Le futur roi est frappé par la beauté de ces femmes, leurs tissus colorés, la façon dont elles portent les enfants dans le dos, et la coquetterie de leurs manières.

Les Françaises, juge-t-il, n'auraient pas de leçon à leur donner. Il observe encore que beaucoup de Blancs vivent parmi les Indiens. Ils sont acceptés sans problème s'ils suivent leurs lois. Et déjà, de nombreux Indiens sont métis. À Tellico, Louis-Philippe dîne avec un de ces *half breeds*, un certain Watts, considéré, dit-il, comme le plus grand guerrier de la nation cherokee. « Mais comme il ne parle pas anglais, je n'ai pu causer aisément avec lui. »

Louis-Philippe, au contact des Indiens, note tout jusqu'au moindre détail. Il décrit leurs danses autour du feu (qu'on peut comparer « à nos anciens passe-pieds »), leurs cabanes, leur mobilier... jusqu'à la forme de leur cuillère en bois, « plus pointue et plus triangulaire que celle des nôtres ». Dans une maison, Orléans, Montpensier et Beaujolais fraternisent avec des hommes. « Le premier qui alluma sa pipe y fit fumer toute la compagnie avant d'y fumer lui-même ; car telle est la politesse indienne, et quand nous allumâmes la nôtre, nous eûmes soin aussi d'y faire fumer tout le monde. » Certaines des pipes sculptées représentent des loups, des ours, mais aussi « toutes les polissonneries imaginables », relève-t-il au passage. Les trois touristes assistent à un jeu de raquettes et de balles appelé *hannatsôké* (aujourd'hui encore pratiqué dans les universités sous le nom de *lacrosse*). « Ce qui est admirable, c'est que ni pendant le jeu, ni après il n'y a jamais la moindre dispute. »

Dureté de cœur et paresse

Orléans est conscient que les Indiens seront éradiqués. Il décrit ainsi l'arrivée par milliers d'émigrants blancs plus à l'ouest, au Cumberland. « La presque totalité de ces émigrants vient de la Caroline du Nord, qui est un pays si aride et si malsain qu'on l'abandonne de toute façon pour aller chercher à l'ouest un bon pays et un air plus salubre. La paix avec les Indiens, en assurant pour un temps la tranquillité des colons, en a attiré dans cette partie une quantité prodigieuse et telle que d'ici à très peu de temps ils n'auront plus rien à craindre des Indiens et qu'ils seront au contraire d'autant plus redoutables pour eux que l'esprit et le vœu général de tous ces gens sont de dépouiller ces malheureux Indiens de leurs terres, ainsi que cela est déjà arrivé à quelques nations du Nord. Il s'en faut beaucoup d'ailleurs que ces émigrants puissent faire un bon peuple. Ils amènent avec leurs Nègres, la dureté de cœur et la paresse qui caractérisent les propriétaires d'esclaves. »

Les frères terminent leur voyage barbus, cuivrés, en haillons. Beaujolais est cassé, il a beaucoup bu. Montpensier n'a retenu de ces quatre mois que les insectes, les nuits passées sous la pluie, le lard infect. Malgré son enthousiasme, Louis-Philippe est quant à lui dégoûté par les colons qu'ils ont croisés, « la plus vilaine espèce d'hommes que j'aie jamais vue », un « peuple grossier, paresseux et inhospitalier au dernier degré ». Seuls les « sauvages » lui ont visiblement plu.

Ils récidivent pourtant. Une virée plus tranquille, d'abord, à New York, Boston, et dans le Maine à l'automne 1797. Quelques mois plus tard, ayant appris que leur mère, libérée, était désormais réfugiée à Barcelone, ils jugent qu'il est plus prudent de se rendre en Espagne, pays dont les relations avec les États-Unis se dégradaient, ce qui laissait craindre une guerre. Ils décident de se rendre à La Havane, une première étape. Mais, pour rejoindre Cuba, il faut embarquer à La Nouvelle-Orléans, une ville alors espagnole. Commence ainsi leur troisième périple, à cheval et en bateau, par la vallée de l'Ohio puis celle du Mississippi… Et cette fois en plein hiver : ils mettent deux mois à rejoindre la ville du Sud, du 10 décembre 1797 au 12 février 1798. Ils passent finalement un an et demi à La Havane, dans un confort qu'ils n'avaient pas connu depuis longtemps, se laissant pousser les cheveux et les poudrant, comme le voulait alors la mode de l'île.

À LIRE Louis-Philippe, *Journal de mon voyage en Amérique*, présenté par Suzanne d'Huart, Flammarion, 1976.

Marguerite Castillon du Perron, *Louis-Philippe et la Révolution française*, Pygmalion, 1964.

Guy Antonetti, *Louis-Philippe*, Fayard, 1994.

LES VACANCES DE L'HISTOIRE

Les cures très diplomatiques de Napoléon III

Par Rémi Noyon

Au XIXe siècle, on faisait de la « diplomatie thermale ». Ainsi, le sort de l'Europe s'est parfois joué dans des villes d'eaux.

Tout est passé par le docteur Conneau, et il a fallu du doigté. C'est par le biais de ce médecin que Napoléon III fait discrètement savoir à Camillo Cavour qu'il se rendra bientôt en cure à Plombières. Le ministre piémontais, qui travaille à l'unité italienne pour le compte de son roi Victor-Emmanuel II, est prêt à aller n'importe où pour rencontrer le chef d'État français. La petite station des Vosges est connue pour ses eaux revigorantes mais n'a pas l'éclat que les villes thermales connaîtront quelques années plus tard. L'endroit est tout indiqué pour une entrevue secrète, qui va redessiner le visage de l'Europe. À l'époque, déjà, on réglait le sort des peuples en vacances, entre deux bains. Gabriel Hanotaux, un ministre français, appelait cela la « diplomatie thermale ».

Le 20 juillet 1858, à la tombée de la nuit, Cavour se présente donc en ville et prend chambre chez un pharmacien, sous un faux nom. Le 21, dans la matinée, il est introduit auprès de Napoléon III. On sait l'empereur sensible à la cause italienne, mais freiné dans ses inclinations par son entourage. Le voilà pourtant qui annonce tout de go à son interlocuteur que la France appuiera le royaume de Piémont-Sardaigne dans ses revendications territoriales et dans sa lutte contre l'Autriche. En échange, il demande à recevoir le comté de Nice et le duché de Savoie. Ces points acquis, l'empereur propose à Cavour, en fin d'après-midi, une balade en voiture (en phaéton, pour être précis). On y discute paisiblement d'un arrangement matrimonial. Il s'agit de caser Jérôme-Charles, dit « Plon-Plon », cousin de Napoléon, avec Clotilde, fille du roi Victor-Emmanuel. « Pourquoi pas », se dit Cavour, qui tempère mollement. La fatigue se fait sentir et chacun rejoint ses pénates. L'opération réussit sur toute la ligne : les armées impériales vont se battre en Lombardie, Nice et Savoie deviennent françaises, Victor-Emmanuel récupère la Lombardie, et Plon-Plon se marie.

« Veni, Vidi, Vichy »

Cet épisode, resté célèbre sous le nom d'« entrevue de Plombières », met en lumière le rôle joué par les villes d'eaux au XIXe siècle. Sous le Second Empire, le thermalisme connut un véritable renouveau, favorisé par la médecine hygiéniste, le développement des voies ferrées et les investissements publics et privés (à l'époque, la distinction n'est pas toujours claire). Des villes comme Vichy, Aix-les-Bains ou Arcachon sont entièrement remodelées ; on y ajoute des casinos, des théâtres, des hôtels luxueux et surtout des promenades qui permettent de voir et d'être vus. Si l'on en croit l'historien Armand Wallon, la clientèle des bains triple pour atteindre près de 300 000 visiteurs en 1870. Une féroce concurrence se dessine entre les établissements, mais aussi entre les stations : il s'agit de faire de l'ombre aux grandes villes d'eaux étrangères, comme Spa ou Baden dans le pays de Bade (aujourd'hui Baden-Baden), la « capitale d'été de l'univers », ce lieu si joyeux et mondain qu'« on ne s'y repose pas, on y change de fatigue et de tourbillon ».

Cet essor fait écho aux clichés, en partie justifiés, que nous avons sur le Second Empire : une vie d'élites relativement douce entretenue par un affairisme honteux (« Napoléon Ier prenait des capitales. Napoléon III prend nos capitaux », disait Alexandre Dumas). Les industriels voient d'un très bon œil le développement de cette nouvelle forme de villégiature, qui, grâce aux jeux d'argent, porte la promesse d'un très beau retour sur investissement. Chaque station est portée par une personnalité : Louis Bouloumié à Vittel, Arthur Callou à Vichy, etc. Des journalistes sont invités à venir commenter la qualité de l'accueil ou de l'architecture de l'endroit, les médecins rivalisent d'inventivité pour vanter telle ou telle source, mais le must, en termes de publicité, reste tout de même une visite de l'empereur. De passage à Vichy en 1876, l'un des frères Goncourt rapporte que l'on vend des chaises sur lesquelles l'empereur s'est assis. « Ainsi, il y a des gens pour adorer la place de ses hémorroïdes. Et nous nous moquons encore des peuples qui rendent un culte aux fientes du Grand Lama. »

Il faut dire que l'empereur paye de sa personne (« *Veni, Vidi,* Vichy », taquine la presse). À partir de 1856, il fait une dizaine de saisons à Plombières, Saint-Sauveur et Vichy. La domination de cette dernière sur le paysage thermal français doit beaucoup au docteur Alquié, qui conseilla au souverain de s'y rendre pour soigner ses douleurs (en réalité, les eaux de la ville, très minérales, ont probablement aggravé les calculs du malade). Le quotidien des thermes devient à la mode : « Cette vie avec ses bains, ses verres d'eau de demi-heure en demi-heure, ses petites promenades de l'hôtel aux sources, le règlement et les coupures de la journée, la discipline de la cure, dissipe un peu en nous le spleen abominable de nos derniers jours à Paris, à peu près comme la vie monastique devait suspendre l'ennui des grands ennuyés des siècles passés », écrivent les frères Goncourt. La journée-type est résumée en 1889, dans une pièce de boulevard : lever chaque matin à 6 heures, douche d'eau glacée, s'ensuivent des gargarismes, puis une visite aux sources, puis un déjeuner à base de cresson et d'œuf à la coque, puis un retour à pied à l'hôtel puisqu'il « faut fatiguer la bête ». Cet *otium* d'un genre nouveau n'empêche pas le *negotium*, le repos se mêle au travail, le privé au public.

Les stations peuvent être l'occasion de rencontres fructueuses… Les cartes de visite sont collectées à l'entrée des hôtels et viennent nourrir ces « journaux des étrangers » qui permettent de savoir qui est en ville et dans quel établissement (une façon de se croiser « par hasard »). « Que de gens qui courent les eaux, Sans aucune espèce de maux ! » se moque en vers un certain Fortuné-Marius Hermitte en 1858. « Aller aux eaux, paraître aux bains de mer est devenu dans notre monde une nécessité sociale », écrit la comtesse Dash trois ans plus tard. Cette dernière nous livre un récit féroce du quotidien de la bonne société, dans la station du Mont-Dore. « En général, aux eaux on n'a que deux choses à faire : s'amuser et déchirer son prochain », prévient-elle. S'ensuit le portrait drolatique des petites mesquineries et de la vie qui s'organise autour d'un « astre dominant », la personnalité la plus en vue de la station, dont les allées et venues dictent le tempo de la journée. Autre avertissement : « Par un accord tacite entre tout le monde, les connaissances des eaux ne comptent pas. On peut se voir du matin au soir, être ensemble comme des amis de vingt ans ; il est reçu que c'est un terrain neutre, et que, si l'on veut, on ne se regarde plus à Paris. »

Faire l'unité de l'Allemagne « par le fer et par le feu »

Cette atmosphère hors du temps facilite les discussions et les compromis. La diplomatie, en particulier, a souvent fonctionné grâce à ces lieux intermédiaires, où le poids du protocole est levé, où les intrigues de cour et les lourdeurs de l'administration sont atténuées (les parties de chasse ont eu une fonction similaire). Au XIXe siècle, tous les « grands » hommes sont ainsi associés à une station thermale. Bad Kissingen (au nord de la Bavière) est connue pour la fameuse « dictée » de Bismarck, document célèbre qui contient les grands traits de sa politique étrangère. À Biarritz, station à la fois balnéaire et thermale, le même chancelier vint s'enquérir de l'avis de Napoléon III quant à un éventuel conflit de la Prusse avec l'Autriche. L'épisode le plus célèbre reste celui de la dépêche d'Ems.

Rappelons brièvement le contexte. Bismarck, qui cherche à faire l'unité de l'Allemagne, pense qu'elle ne peut se faire que « par le fer et par le feu ». Il faut focaliser l'opinion publique sur des ennemis communs pour obliger tous les princes à se serrer sous le bouclier prussien. Après la victoire à Sadowa contre l'Autriche, en 1866, le chancelier du roi de Prusse entend déclencher un conflit avec la France, dernier obstacle sur son chemin. Il ne veut toutefois pas être vu comme l'agresseur et s'efforce, tout comme Napoléon III et Cavour l'avaient fait dix ans plus tôt, de trouver un casus belli. L'occasion lui en est donnée par un épisode rocambolesque, qui se tint en 1870, à Bad Ems, l'une des plus célèbres villes thermales. Alors que la couronne d'Espagne est vacante, un prince allemand, Léopold de Hohenzollern-Sigmaringen, se porte candidat. Pour la France, c'est la menace d'un encerclement. Il faut absolument que Guillaume Ier persuade son cousin de revenir sur sa candidature. Assez vite, le prince Léopold fait savoir qu'il se retire. Pourtant, le gouvernement français n'est pas satisfait : l'ambassadeur de France, le comte Benedetti, est chargé d'obtenir de Guillaume Ier une renonciation définitive.

Abordé au cours de sa promenade, alors qu'il est en cure, le roi, lassé, refuse de s'avancer plus avant, arguant que l'affaire est close. L'histoire aurait pu se terminer là, mais Bismarck déforme volontairement la teneur de la discussion avant de la transmettre à la presse. Cette fameuse « dépêche d'Ems » est faite pour agacer les patriotes des deux bords : elle donne l'impression que Benedetti a importuné le roi de façon insistante et que celui-ci l'a renvoyé de façon impolie. Alors que, dans la quiétude de la ville d'eau, les discussions avaient été très cordiales, ailleurs les opinions s'enflamment. Le 19 juillet 1870, Napoléon tombe dans le piège et déclare la guerre à la Prusse. Geste fatal : son empire est balayé en quelques semaines, la France est envahie. Et le 18 janvier 1871, dans la galerie des Glaces du château de Versailles, devant le chancelier de fer, les princes du monde germanique offrent au roi Guillaume sa couronne d'empereur des Allemands.

À LIRE Armand Wallon, *La Vie quotidienne dans les villes d'eau (1850-1914)*, Hachette, 1981.

Edmond et Jules Goncourt, *Journal*, Bouquins, 2014.

LES VACANCES DE L'HISTOIRE

Sissi par monts et par mers

Par Doan Bui

Fuyant la cour de Vienne et ses obligations, l'impératrice rebelle fit scandale en multipliant les voyages. La souveraine cherchait la liberté à Madère ou à Corfou, où cette fan de Homère fit construire un palais dédié à Achille, son héros grec préféré.

« Il se trouve que je veux toujours aller plus loin et bouger. Chaque bateau qui part me donne envie d'être à son bord. N'importe où seulement pour ne pas rester au même endroit trop longtemps. » Échapper à la cour, à son protocole, ses obligations, ses ragots, et voyager, toujours voyager... L'impératrice Élisabeth d'Autriche, dite « Sissi », avait la bougeotte et fit scandale pour sa propension à partir le plus loin possible de Vienne, dans des lieux de villégiature de rêve. Là-bas, la plus glamour des princesses écrivait ses poèmes en regardant les vagues (elle avait même fait tatouer sur son épaule une ancre marine, au grand dam de son époux !), se définissant elle-même comme une « mouette des mers », rêvant de voler sans cesse.

Sissi influenceuse

On l'imaginerait bien aujourd'hui, Sissi, en influenceuse à millions de followers (combien de femmes, dans toute l'Europe, copièrent ses toilettes et sa coiffure !), smartphone connecté à Instagram, affichant des clichés d'eau turquoise de ses escapades à Madère ou à Corfou et postant ses poèmes : « Si un jour je dois mourir/alors couchez-moi sur la plage/Que mon dernier regard/soit sur la mer chérie. » #corfoumylove #beaute#spleen.

On la verrait aussi bien se livrer au selfie, elle qui fut tant portraiturée en son siècle : la beauté de l'impératrice subjugua ses contemporains et elle-même était Narcisse captivé par son image. Selon sa nièce Marie Larisch : « Elle était à genoux devant sa beauté comme un païen devant ses idoles [...] Elle estimait comme un devoir vital de rester jeune et cherchait de toutes ses forces les meilleurs moyens de conserver cette jeunesse. »

Addict à la gymnastique

Dans ses nombreux lieux de villégiature, Sissi avait installé une salle de gymnastique avec des barres, des agrès, des anneaux. Sportive émérite, elle passait des heures à sculpter sa ligne. Oui, aujourd'hui, Sissi poserait sans nul doute sur une plage de sable fin dans une posture impossible de yoga #selflove#kundalini #yogaeverywhere#gratitude

Ah, Sissi ! Nous sommes beaucoup à nous être énamourés de Romy Schneider endossant son rôle à l'écran, beaucoup à avoir tremblé pour elle, qui, toussant telle une Dame aux Camélias tuberculeuse, était envoyée de toute urgence au soleil pour se soigner. La réalité est plus complexe. En ce printemps 1860, Élisabeth, mariée depuis quatre ans, a vingt-deux ans, trois enfants et, à la cour, est malheureuse comme les pierres. Son aînée, la petite Sophie, est morte en bas âge ; ses deux autres enfants, Rodolphe et Gisèle, lui ont été confisqués par sa terrible belle-mère, l'archiduchesse Sophie ; François-Joseph s'occupe des guerres de l'empire ; on dit aussi qu'il a repris une liaison avec une de ses anciennes maîtresses.

Restée à Vienne, la jeune femme s'étourdit de bals et de chasses, s'épuise dans des régimes draconiens, des marches échevelées, et scandalise la cour car elle fume en public. Elle tombe malade. Dépression ? Phtisie ? On consulte un éminent phtisiologue, le docteur Skoda, qui l'estime en danger de mort. L'impératrice annonce à son royal époux qu'elle ne supportera pas les rigueurs de l'hiver viennois et qu'il lui faut partir loin et au soleil.

Ce sera Madère. Médicalement parlant, le choix est étrange : le climat tropical et humide de l'île n'était pas des plus recommandés pour les affections pulmonaires. Qu'importe. L'avantage de Madère est d'être très loin de Vienne, si loin que l'impératrice Victoria, très chic, met à la disposition de Sissi son yacht privé, l'*Osborne*, pour rejoindre l'île. Comme par miracle, elle s'y requinque en quelques jours. Elle achète des poneys pour ses promenades en voiture, fait venir ses chiens, apprend à jouer de la mandoline, lit Dante, Shakespeare, et surtout Heinrich Heine.

Des vacances à Corfou

Ces premières « vacances » durent six mois. Autant de semaines sans enfants et sans mari. Cela commence à jaser sec à Vienne, qui s'émeut d'une photo de l'impératrice et ses amis en plein farniente au soleil. Politiquement, l'impact est désastreux. Sissi revient au bercail impérial au printemps 1861... pour aussitôt retomber malade d'une bronchite qui la cloue au lit. À nouveau, on diagnostique les pires maux et on ne lui donne que six mois à vivre. Un autre docteur, médecin de la famille de Sissi, préconise un retour au soleil. Cette fois, ce sera Corfou. Et tant pis si la malaria y sévit. Nouveau scandale diplomatique. L'impératrice, qui semblait si pleine de santé de retour de Madère, ne serait donc malade qu'à Vienne, chez elle ?

François-Joseph est désespéré, d'autant que l'empire des Habsbourg tremble sur ses bases : Victor-Emmanuel de Savoie a été nommé premier roi d'Italie, notamment grâce au ralliement du révolutionnaire Garibaldi. L'Italie unifiée est un cauchemar pour l'Autriche. Humilié sur tous les plans, François-Joseph n'en mène pas large. Et il s'inquiète pour sa femme. Cette étrange maladie est tout de même vexante : dès que sa chère épouse part loin de lui, elle va mieux !

À Corfou, ça ne rate pas. Elle revit. D'autant qu'elle y retrouve sa sœur Hélène, celle-là même qui avait été promise à François-Joseph et aurait pu l'épouser, n'eût été le fameux coup de foudre entre « Franz » et elle. L'impératrice commence dans l'île grecque un drôle de passe-temps. Cette obsédée de la beauté constitue un album comportant seulement des portraits de femmes et collectionne les clichés qu'elle réclamera… aux ambassadeurs de son mari. L'énervement monte au palais contre la souveraine courant d'air. Grosse faute politique, en effet. Pourquoi choisit-elle de partir en terre étrangère alors que l'Empire ne manque pas de superbes lieux de villégiature ? François-Joseph vient lui-même à Corfou récupérer sa femme.

Cela n'apaise pas la rivalité entre l'archiduchesse mère et l'impératrice, qui porte aussi sur la politique. La belle-mère, partisane de l'absolutisme, réprouve les idées « libérales » de sa bru, qui veut convaincre son mari d'accorder plus d'autonomie aux peuples de l'empire et en particulier à l'un d'entre eux. Au grand dam de l'archiduchesse, Sissi apprend le hongrois, ne s'entoure que de nobles magyars et contribue ainsi au « compromis » qui crée un deuxième pilier dans un empire devenu « austro-hongrois ». Cela lui vaudra une consécration diplomatique éclatante lors de son couronnement comme reine de Hongrie à Budapest, qui n'a d'yeux que pour son « Erszebet », aimée et adorée, alors qu'à Vienne on la critique et on l'épie. Les Hongrois lui offrent le château de Gödöllö, où elle passera bien plus de temps qu'à Schönbrunn ou à la

Kaiser Villa, la résidence de vacances des souverains à Bad Ischl. « Est-ce que tu viens pour les vacances ? » chantaient David et Jonathan dans un tube de l'été : ce pourrait être la complainte de François-Joseph à son épouse.

Chez Achille au pied léger

« Je me suis réveillée dans une prison, les mains chargées de chaînes », écrivait déjà Sissi lors de sa lune de miel. Les années passant, elle continue à haïr le protocole, même quand elle est à l'étranger, au risque de provoquer des esclandres diplomatiques. Quand elle rend visite à sa sœur en Angleterre, elle en profite pour aller se baigner à la mer à l'île de Wight mais ne rencontre l'impératrice Victoria qu'en traînant les pieds. Plus tard, alors qu'elle se passionne pour la chasse, elle ira jusqu'à provoquer la souveraine britannique en choisissant l'Irlande, province toujours rebelle, ou en visitant un monastère réputé antianglais. Elle tient tellement à sa liberté qu'elle demande parfois à sa coiffeuse de jouer sa doublure pour saluer la foule, ce qui lui permet de se promener incognito !

Toujours aussi amoureuse de son île ionienne, Sissi se passionne pour la culture grecque. Elle apprend le grec ancien pour pouvoir lire Homère dans le texte, mais veut aussi apprendre la langue moderne. C'est dans ce but qu'elle demande à son répétiteur grec, Constantin Christomanos, de lui lire l'*Odyssée* (elle était fan d'Homère) pendant sa gymnastique, ou durant les interminables séances quotidiennes nécessaires pour coiffer les longs cheveux qui lui tombent jusqu'aux pieds et sont devenus célèbres dans toute l'Europe. Dès qu'elle peut, l'« impératrice locomotive », comme l'ont surnommée les Grecs, sillonne le pays, part à Ithaque sur les traces d'Ulysse, grimpe sur le rocher d'où Sapho s'est précipitée dans le vide.

En 1889, elle est rattrapée par la tragédie. Son fils Rodolphe se tue à Mayerling. La mère meurtrie décide de ne plus s'habiller qu'en noir. Et se refuse désormais à toute séance de pose, à toute photographie, pour rester éternellement figée à l'âge de cinquante ans. Elle se réfugie une fois encore à Corfou, où elle se fait construire un palais, l'Achilleion, en hommage à Achille, son héros grec préféré : « Pour moi, il personnifie l'âme grecque. Je l'aime aussi parce qu'il avait le pied léger. Fort et hautain, il méprisait les rois et les traditions. La mort l'avait fauché comme un brin d'herbe, il n'avait de sacré que sa volonté, ne vivait que de ses rêves et sa tristesse lui était plus chère que la vie tout entière. » Devant le bâtiment, une statue de Rodolphe accueille les visiteurs.

Perdue dans sa douleur, l'impératrice, silhouette fantomatique, tache noire surmontée de son ombrelle blanche, passe son temps à vagabonder, fuit toutes ses obligations et vit pour l'essentiel dans le train impérial ou encore dans le yacht de la couronne, le *Miramar*. Parfois, elle part tout de même avec son mari. Ils se promènent, incognito, comme deux touristes qui posent leurs bagages d'hôtel en hôtel. Ils flânent sur la Riviera française. Ou près du lac Léman que Sissi adore. Le lieu lui sera fatal. C'est lors d'une escapade à Genève qu'elle est assassinée, en 1898, par un anarchiste italien. Elle a soixante ans. Elle avait souhaité être inhumée sur son île, devant la Méditerranée qu'elle chérissait. N'osant enfreindre la tradition, son époux ne respectera pas ses volontés. La seizième impératrice des Habsbourg est enterrée à Vienne, dans la crypte des Capucins, avec tous les souverains de la dynastie. L'âme errante, qui sans cesse voulait partir au loin, termine son voyage clouée dans cette ville qu'elle a tant détestée.

À LIRE Jean des Cars, *François-Joseph et Sissi, le devoir et la rébellion*, Perrin, 2017.

Élisabeth Reynaud, *Le Roman de Sissi*, Le Rocher, 2010 ; 2020.

LES VACANCES DE L'HISTOIRE

Tu Duc, l'empereur du Vietnam se repose en son tombeau

Par Doan Bui

Comme ses prédécesseurs sur le trône du Vietnam, Tu Duc passait ses vacances dans son futur mausolée, qui lui servait de palais d'été. Là, dans le pavillon du Repos, hanté par sa mort prochaine et l'effondrement de son empire face à l'envahisseur français, il composait des poèmes

Dans son palais d'été, l'empereur Tu Duc contemplait les lotus. « Le jade se cache dans la roche, le lotus se nourrit de la boue fétide » : pour le sage bouddhiste, la fleur de lotus, qui s'épanouit dans la fange, symbolise l'être libéré des désirs. Il semblait à Tu Duc qu'il avait éclos de la même façon. La chair l'indifférait désormais. Ses 103 concubines se tenaient toujours à sa disposition, mais elles n'étaient que quelques-unes de son harem à l'accompagner en vacances, pour l'éventer et lui jouer de la musique. Il préférait admirer leur beauté, sans les toucher, en sirotant quelques gorgées de thé, à base de gouttes de rosée recueillies sur les feuilles de lotus. Tu Duc n'a jamais été aussi ardent que son grand-père, l'empereur Minh Mang aux 142 enfants. Il a toujours été de constitution maladive, diminué depuis la variole qui l'a frappé à vingt ans : « On eût dit que j'avais une nature de femme », a-t-il écrit avec une franchise douloureuse.

L'empereur était stérile : la pire des punitions divines pour le fils du Ciel.

On était en 1879. Pendant des jours s'étaient tenues des célébrations fastueuses pour son cinquantenaire. Avec trente et un ans de règne, il battait en longévité son père Thieu Tri, mort à trente-sept ans, et son grand-père Minh Mang, mort à cinquante ans. Les fêtes avaient été grandioses. Il fallait convaincre que « l'empire du Daï Nam », comme l'appelaient les Vietnamiens, résistait, alors qu'il s'effondrait, envahi par les Français, ces maudits *Tay* (les « Occidentaux »).

Les célébrations avaient épuisé Tu Duc. Lorsque les mandarins de la cour se prosternaient devant le fils du Ciel, celui-ci était contraint de rester d'une immobilité hiératique car il symbolisait la permanence divine. Jadis, un empereur fut même piégé par des mandarins rebelles qui s'étaient relayés pour faire durer la cérémonie des prosternations le plus longtemps possible. Le monarque avait tenu trois jours avant de s'effondrer, mort. Mais c'était ainsi. Le corps de l'empereur ne lui appartenait pas. Et surtout pas dans la Cité pourpre interdite de Hué, capitale impériale au protocole figé depuis des siècles. Après les célébrations, Tu Duc n'avait donc qu'une hâte. Se mettre en congé de sa vie « sous le toit jaune » (le jaune étant la couleur impériale) pour se réfugier dans son palais d'été, qui n'était autre que son tombeau. Une oasis de 12 hectares, dans une forêt de pins, avec des palais sous l'ombre de frangipaniers ou de longaniers, des temples disséminés ici et là, un théâtre, des lacs et des bassins jonchés de lotus, des ruisseaux qui murmuraient.

C'était l'usage, dans l'empire d'Annam. Dès son accession au trône, tout monarque faisait fabriquer son cercueil, auquel il ajoutait chaque année une couche de laque, et se préoccupait de bâtir son mausolée, qui, de son vivant, lui servait aussi de lieu de villégiature. Voilà pourquoi des palais étaient prévus pour loger son entourage proche. Les serviteurs eunuques y avaient leurs quartiers. La première épouse et les concubines aussi. Ces dernières suivaient l'empereur après sa mort, condamnées à rester cloîtrées pour échapper au regard du monde. Tu Duc avait également construit un palais pour sa mère chérie, la reine Tu Du. Elle l'accompagnait chaque fois qu'il prenait ses quartiers d'été. Et lui, comme à la Cité interdite, continuait de lui rendre visite tous les jours, consignant scrupuleusement dans un cahier les conseils maternels.

Le tombeau, l'âme du souverain

C'est à son tombeau qu'on devinait l'âme d'un souverain. Celui de Minh Mang, l'ogre aux 142 enfants, était à son image : démesuré. Pour le sien, qu'il avait commencé à ériger à trente ans et qui avait nécessité trois ans de travaux, Tu Duc avait choisi un site reculé et paisible, sur la rivière des Parfums, à 8 kilomètres de la capitale. Il souhaitait le calme, l'harmonie, la modestie aussi : à chacun des bâtiments, il avait accolé le mot *khiem* (« humilité »). L'empereur se rendait en général deux fois par an dans ce lieu enchanteur. Là, il échappait enfin à la Cité interdite, à la cour et ses intrigues, aux audiences officielles avec leur interminable décorum, aux mandarins qui critiquaient sa politique pas assez ferme quant à l'envahisseur, aux crises intérieure et extérieure qui minaient le pays. Il séjournait dans le palais Hoa Khiem, aux dimensions modestes mais qui, grâce à une végétation luxuriante, était plus agréable et frais que le palais de pierre de la Cité interdite, à la chaleur étouffante. Mais l'endroit qu'il préférait, c'était le lac Luu Khiem, recouvert de lotus. De l'embarcadère en bois, on partait en promenade en barque. Un pont en pierre permettait de rejoindre le pavillon du Repos, le Xung Khiem, une gracieuse construction sur pilotis semblant flotter sur l'eau. Là, Tu Duc pouvait rester des heures. Il aimait particulièrement contempler les lotus au clair de lune. Il rêvait, bercé par la complainte plaintive des luths et du monocorde et par le chant mélodieux de ses concubines. Parfois il les congédiait pour écouter, seul, le doux crépitement des pluies de mousson sur le lac, tandis qu'une délicieuse fraîcheur montait de la terre odorante. Il écrivait des poèmes. « La plage est emplie du vent d'été/Pleine de la lune qui embrasse le sable. »

C'est ici qu'il avait composé, en mémoire d'une de ses favorites disparues, une élégie qui, il ne le savait pas encore, deviendrait un classique bien plus tard, sous la forme d'une chanson d'amour mélancolique qu'on entonnerait dans les karaokés. « Je brise l'ancien miroir pour rechercher ton ombre/ Je serre tes habits fanés pour garder ta chaleur. »

Un empereur obsédé par le néant

Oui, il n'y avait que dans son tombeau que l'empereur se sentait en vacances. Au sens premier du terme. *Vacant*, le mot latin, ne veut-il pas dire « vide » ? Et personne n'avait plus que Tu Duc conscience de la vacuité des choses. Il avait toujours été obsédé par le néant, inquiet de la « vacance » du pouvoir qui menaçait son règne, lui qui n'avait pas de progéniture : « L'esprit de l'empereur était imprégné d'une hantise de la fin, des signes précurseurs de la chute, écrit l'historien Nguyen The Anh. Il était le symbole de la vietnamité et se devait de protéger son peuple contre les dangers externes. » Il avait cassé le cycle du temps. Échoué à protéger son pays. Les lotus continueraient à fleurir et à faner sur le lac, mais tout ce pour quoi il s'était battu s'évanouirait.

Chaque pierre des palais de son mausolée lui rappelait la trahison originelle, celle de son frère aîné qui avait tenté de l'assassiner lors de son accession au pouvoir. Il avait épargné les enfants de ce dernier, lequel s'était suicidé. Tu Duc avait-il été trop faible ? Pendant les travaux, une nouvelle conspiration familiale avait été découverte. Il avait fallu sévir et tuer les mutins, leur sang souillant le lieu sacré : « Il est construit d'os de soldats. Ses fossés sont remplis du sang du peuple. »

Catastrophes naturelles, typhons, famines, sauterelles, disettes... C'était comme si le Ciel avait voulu le punir. Tu Duc n'avait cessé de faire acte de contrition. Dans des édits aux mandarins et au peuple : « Il n'y a jamais eu autant d'événements funestes que lors de mon règne. Au-dessus de moi, je crains les décrets du Ciel et quand je regarde au-dessous de moi, la misère de mon peuple m'accable le jour et la nuit, au fond de mon cœur je tremble et je rougis à la fois. » Ou dans des lettres à des diplomates : « Par des causes diverses dans lesquelles entrent mes fautes, j'ai amoindri l'œuvre de mes ancêtres, et je vois le terme de ma vie approcher sans espoir de réparer le mal... » Cette culpabilité, il l'avait aussi confiée à la pierre, dans les mots gravés pour l'éternité sur sa stèle.

Pour leur épitaphe, ses ancêtres faisaient généralement composer un hommage à leur règne. Lui, non. Il s'était livré, sans fards. « Je naquis faible et maladif [...] à la mort de mon père, je pris, avec tremblement, la direction des affaires [...] Il me laissa ce fardeau accablant, à moi, personne si faible et sans expérience [...] je me mariai, mais j'étais honteux de ne pas avoir d'héritiers. » Pour Emmanuel Poisson, historien spécialiste du Vietnam, professeur à l'université Paris-Diderot, ce long texte est exceptionnel. « C'est une tentative d'autobiographie, un acte de contrition inédit. » Tu Duc finissait ainsi : « Je ne sais ce que deviendront ce monde et ses mœurs. Des pays lointains se le disputent et ne respectent que le mensonge et la force. »

Il avait fallu des mois pour faire venir des provinces du Nord cette stèle de granit de 20 tonnes, tirée par des éléphants… Elle trônait, dans un pavillon au centre de la cour d'honneur, encadrée de deux rangées de statues de mandarins, portant ces mots qui semblaient annoncer la catastrophe, inéluctable. Elle planait sur Tu Duc depuis son accession au trône : c'était en 1848, la France abolissait l'esclavage, pour mieux se lancer dans la colonisation de l'Afrique et de l'Asie. En 1858, les Français avaient débarqué à Tourane, au centre du pays. Puis ils s'étaient emparés de Saigon, de tout le Sud – la Cochinchine. Tu Duc avait alors tenté de chercher la protection de son voisin, la Chine, dont il était traditionnellement le vassal. Mais le puissant empire se débattait, lui aussi, contre les Occidentaux qui menaient la seconde guerre de l'Opium et était traumatisé par le saccage du palais d'Été à Pékin en 1860 par les armées de Napoléon III et de la reine Victoria. Après la mort de l'empereur de Chine, sa concubine, Cixi (ou T s'eu-hi, comme on disait), avait pris les commandes d'un pays à genoux. Ce dernier ne ferait rien pour le petit frère vietnamien.

La France haïe par la cour de Hué

À la Cité impériale, les Français se faisaient de plus en plus insistants, réclamant l'inenvisageable, un droit d'audience privé avec Tu Duc. Lequel détestait leur nouveau représentant, Luc Rheinart, arrivé en 1879, l'année des fêtes pour le cinquantenaire de l'empereur.

Rheinart évoquait dans ses rapports à Paris la « haine profonde » de la cour de Hué envers la France : « Les Chinois sont les frères aînés ou les oncles ; nous sommes les barbares. Notre tutelle leur serait une humiliation insupportable, pire qu'un suicide. » La cour de Hué avait été offusquée de l'ignorance du protocole des officiels français, qui, la première fois qu'ils avaient assisté à une audience publique, dans le palais de l'Harmonie suprême, ne s'étaient pas prosternés devant le fils du Ciel…

Au moins, dans son mausolée, l'empereur était tranquille : jamais un Tay n'avait souillé le tombeau de sa présence. Dire qu'ils seraient des milliers de touristes à le visiter au XXe siècle ! La maladie gagnait Tu Duc. Atteint d'hydropisie, gonflé d'œdèmes, il devait rester souvent alité. Il fuyait de plus en plus la Cité interdite, préférant contempler les lotus dans le pavillon du Repos.

En 1882, le commandant Rivière, ami d'Alexandre Dumas, vu comme un héros de la colonisation en France, avait fait tomber la citadelle de Hanoi. Tu Duc, tétanisé, avait temporisé. « Si nous attaquons, ils rejetteront la faute sur nous, toute possibilité de prompt retour à la paix sera contrariée. Réparons donc nos forces et attendons pour voir si leurs exigences sont trop excessives. » Au printemps 1883, c'était la guerre : Jules Ferry, surnommé « le Tonkinois », envoyait 4 000 hommes à l'assaut du pays lointain. À Hué, sous les feux d'un soleil accablant, les lotus du lac Luu Khiem exhalaient une odeur doucereuse de mort. Le 19 juillet, l'empereur expirait.

« Tu Duc ne cédera que lorsque [...] de son palais il entendra le premier coup de canon tiré contre les forts », avait prédit un diplomate. La tradition vietnamienne considère que, sept semaines après le décès du corps, l'esprit du défunt reste sur terre. Le fantôme de Tu Duc vit donc l'inconcevable : la prise de Hué, le 18 août 1883. La capitale tomba en quelques heures. Pierre Loti, envoyé spécial du *Figaro*, racontait : « On tuait presque gaiement, déjà grisé par les cris, par la course, par la couleur du sang. » Le nouveau représentant de la France, Jules Harmand, lança un ultimatum à l'éphémère successeur de Tu Duc : « Je vous donne quarante-huit heures pour accepter ou rejeter sans discussion les conditions que nous vous offrons [...]. Si vous les repoussez, il faut vous attendre aux plus grands malheurs. Imaginez tout ce qu'il y aura de plus épouvantable et vous resterez encore au-dessous de la vérité. [...] Le nom de Viêt-Nam n'existera plus dans l'histoire. » Le 25 août, la cour de Hué capitulait, reconnaissant le protectorat français. L'« empire du Daï Nam » n'était plus.

À LIRE Nguyen The Anh, *Monarchie et fait colonial au Viêt-Nam (1875-1925). Le crépuscule d'un ordre traditionnel*, L'Harmattan, 2000.

LES VACANCES DE L'HISTOIRE

Victoria, une Anglaise sur la Promenade

Par Nathalie Funès

Dans les dernières années de sa vie, de 1882 à 1899, la reine Victoria se rend neuf fois sur la Côte d'Azur : une région qu'elle ne connaissait pas et pour laquelle elle a un coup de cœur.

Mme la comtesse de Balmoral. C'est le nom d'emprunt choisi par l'entourage de Victoria pour son premier séjour sur la Côte d'Azur. La monarque britannique est alors la femme la plus célèbre au monde. Elle règne sur 350 millions de sujets – un quart des habitants de la planète – et restera dans l'histoire comme la souveraine des records : plus de soixante-trois ans au pouvoir – seule Élisabeth II, son arrière-arrière-petite-fille, fera mieux –, dix Premiers ministres, neuf enfants, huit tentatives d'assassinat… En ce mois de mars 1882, la reine mène une existence retirée de la vie publique dans son château de Windsor, dépressive et tout de noir vêtue depuis la mort de son époux, Albert, deux décennies plus tôt – elle avait fait un mariage d'amour, ce qui était exceptionnel à l'époque. Elle s'était rendue en France avec lui en 1843 et 1845 pour des entrevues avec Louis-Philippe Ier destinées à améliorer les relations franco-britanniques

– elle était alors le premier monarque anglais à rencontrer son homologue français depuis trois siècles. Dans le dernier tiers du XIXe siècle, les tensions sont redevenues fréquentes entre les deux puissances, en raison des rivalités coloniales. Mais ce voyage-ci n'a rien à voir avec une visite diplomatique. Il s'agit d'un séjour privé. Victoria s'apprête à rejoindre Menton, à mille kilomètres de son palais.

La reine a jusqu'alors peu voyagé hors du Royaume-Uni. Albert était casanier et n'appréciait que le temps capricieux de l'Écosse et de l'île de Wight. Victoria, dame rondelette aux cheveux gris et aux articulations rongées par les rhumatismes, commence, elle, à se lasser de la brume et de la grisaille de son château de Balmoral, où elle a passé trois mois particulièrement déprimants en 1878. Cela fait longtemps que le soleil et le ciel bleu de la côte méditerranéenne sont vantés par la bonne société britannique. Le livre du médecin écossais Tobias Smollett, *Travels through France and Italy* (« Voyages en France et en Italie »), dans lequel il affirmait avoir recouvré la santé grâce aux températures clémentes du Sud, a été un best-seller à sa sortie, en 1766. Peu à peu, les sujets de l'Empire britannique ont commencé à coloniser la Riviera. La première version de la célébrissime Promenade des Anglais, à Nice, face à la Baie des Anges – un chemin de 2 mètres de large qui longe les plages de galets – sort de terre en 1824, grâce, dit-on, à un appel de fonds du pasteur anglican Lewis Way auprès de ses compatriotes. À cette époque, la ville n'est pas encore française, elle le deviendra en 1860. Le quartier de la Buffa, autour de la Route de France, est surnommé la « petite Londres ». Les aristocrates et les grands bourgeois britanniques bâtissent des villas somptueuses, ils font venir des plantes exotiques de l'autre bout du monde pour agrémenter leurs jardins, popularisent le golf, le tennis sur gazon, le croquet et le *tea time*. L'écrivain Prosper Mérimée – un temps inspecteur des monuments historiques – s'en émeut publiquement : « Les Anglais se sont installés ici comme en territoire conquis. Ils ont construit cinquante villas ou châteaux, plus extraordinaires les uns que les autres, et méritent d'être empalés dessus. »

Incognito (ou presque)

C'est justement chez l'un de ces riches Britanniques convertis à la douceur de la Riviera que la reine Victoria doit s'installer. Charles Henfrey est un ingénieur et collectionneur d'art qui a fait fortune dans le chemin de fer, notamment en Inde. Il est connu pour posséder des œuvres des peintres de la Renaissance italienne, comme Moretto, Titien et Bergognone. Il a déjà accueilli la reine au printemps 1881 dans la villa Clara, qu'il possède sur le lac Majeur, en Italie. Il lui propose cette fois-ci de s'installer au chalet des Rosiers, une autre de ses demeures, située dans le quartier de Garavan, à Menton. C'est une vaste propriété entourée d'un parc planté d'oliviers et de citronniers. La reine pense que l'air méditerranéen fera du bien à son plus jeune fils, le prince Léopold, duc d'Albany, qui est né avec le gène de l'hémophilie et accumule les déboires de santé. Va pour Menton.

Ce 14 mars 1882, à 10 h 20 – avec cinq minutes de retard –, le train démarre de Cherbourg après que la reine a traversé la Manche à bord du yacht *Victoria and Albert*. La souveraine voyage incognito et sous un nom d'emprunt, mais elle ne passe pas inaperçue. Son périple est rapporté dans les colonnes du quotidien *The Times* le jour même de son départ, et ses bagages sont étiquetés « *Queen of England* ». Surtout, elle se déplace avec une cour d'une centaine de personnes – dames d'honneur, officiers, secrétaires, cuisiniers, cochers, valets d'écurie, serviteurs indiens… –, ses propres meubles, notamment son lit en acajou à baldaquin, sa vaisselle, son linge, ses objets personnels, sa nourriture, ses chevaux, et son âne Jacquot, dont elle ne se sépare jamais. Deux wagons sur les sept du train royal lui sont réservés. Le voyage dure dix-huit heures. À son arrivée, Victoria est accueillie par les moustiques. « J'ai passé une nuit épouvantable », écrira-t-elle dans son journal. Mais, à soixante-deux ans, la voilà bientôt conquise. Visite des jardins exotiques du domaine Hanbury au cap Mortola en Italie, de Monte-Carlo, balades en calèche le long de la plage… Quand elle repart, assise dans le train qui longe la côte, elle écrit dans son journal : « Hélas ! Déjà loin de la belle et chère Menton ! C'est trop triste de voir disparaître les magnifiques montagnes et la végétation (…). Mais je suis reconnaissante d'avoir pu passer quatre semaines sur cette charmante et célèbre Riviera. »

Soixante-dix pièces à l'Excelsior Régina Palace

Menton est le début d'une histoire d'amour hivernale de la reine avec la Côte d'Azur et le premier voyage d'une série de neuf, entre 1882 et 1899. Au printemps 1887, la souveraine pose ses bagages à Cannes. Elle veut voir la villa Nevada, où son fils Léopold est mort trois ans auparavant, après une chute, et l'église Saint-Georges, bâtie en sa mémoire grâce à une souscription auprès de la colonie anglaise. En 1891, elle s'installe à Grasse, dans l'arrière-pays, pour visiter les jardins de la bien nommée « Villa Victoria », propriété d'Alice de Rothschild, une des héritières de la famille juive d'origine allemande. Ils sont réputés être les plus somptueux de toute la côte (il se dit que la reine a alors reçu la seule réprimande de sa vie d'adulte : elle avait marché par inadvertance sur un parterre de fleurs, et Alice de Rothschild lui aurait intimé l'ordre de « dégager »). En mars 1892, Victoria emménage dans le Grand Hôtel de Costebelle, un palace prisé de la société britannique situé sur les hauteurs d'Hyères, avec ses jardins à l'anglaise, son golf dix-huit trous, son croquet-club, ses cours de tennis, son badminton et même son « English Chapel », dédiée au culte anglican.

En mars 1895, la reine a son plus gros coup de cœur. Elle fait la découverte de Nice – où on estime à plus de 6 000 le nombre de ressortissants britanniques – et va y revenir quatre printemps de suite. Les deux premières années, elle s'installe à l'hôtel Vitali, une annexe du Grand Hôtel de Cimiez. Dès 1897, pour l'accueillir comme il se doit (la visiteuse se plaint du manque de confort de l'hôtellerie française), une équipe de promoteurs et d'architectes construisent un hôtel de luxe à l'extrémité du boulevard de Cimiez, l'Excelsior Régina Palace, dont l'aile ouest, la mieux exposée, qui compte soixante-dix pièces, lui sera réservée. Le bâtiment ne fait pas dans le minimalisme : 150 mètres de façade, des dizaines de bow-windows, de balcons terrasses et de colonnes, un escalier monumental, et un parc de 8 000 mètres carrés rempli de palmiers venus de lointaines contrées.

Les journées de Victoria se déroulent toujours plus ou moins selon le même scénario. Lever vers 9 heures, petit-déjeuner copieux – avec des saucisses chaudes de Cambridge –, lecture des courriers et des rapports officiels, signatures, sieste en début d'après-midi, promenades en calèche tirée par l'âne Jacquot et entourée de soldats indiens enturbannés – Victoria est impératrice des Indes depuis 1876 et parle hindi –, visites des parcs de la colonie anglaise fortunée – Villa Liserb, Garin de Cocconato, Evans… –, souper vers 22 heures, concerts et spectacles : l'actrice Sarah Bernhardt et le compositeur italien Ruggero Leoncavallo, auteur de l'opéra *I Pagliacci*, viendront notamment se produire devant Sa Majesté.

Entre têtes couronnées

En cette fin du XIXe siècle, la Côte d'Azur est encore le lieu de villégiature de toutes les têtes couronnées de la planète et celle que l'on surnomme la « grand-mère de l'Europe » est parente avec presque toutes. Victoria rend visite à sa petite-fille Marie d'Édimbourg, épouse de Ferdinand, le futur roi de Roumanie, dans le château de Fabron, à Nice, construit par le duc Ernest II de Saxe-Cobourg-Gotha, où la jeune femme a l'habitude de prendre ses quartiers d'hiver. Elle va voir l'impératrice douairière de Russie, Maria Feodorovna, à la villa Les Terrasses, à Cap-d'Ail, et Eugénie, la veuve de Napoléon III, à la villa Cyrnos, au Cap Martin. Elle rencontre le roi des Belges Léopold II, sa fille Stéphanie, veuve de Rodolphe d'Autriche, héritier de l'Empire austro-hongrois, mort à trente ans avec sa maîtresse, dans le pavillon de chasse de Mayerling, ou encore Élisabeth en Bavière, dite Sissi, la mère de Rodolphe. Elle accorde aussi une entrevue au président français Félix Faure et à Dhulîp Singh, le dernier souverain sikh et fils du fondateur de l'empire Ranjît Singh. Victoria, à la tête de la première puissance mondiale, est la meilleure publicité qui soit pour la région. Xavier Paoli, le commissaire qui s'est notamment occupé de sa sécurité, écrira dans son livre *Leurs Majestés*, publié en 1911 et consacré aux potins des têtes couronnées, combien les vacances azuréennes de la reine ont fait pour la notoriété de la Riviera. Tout comme celles de son fils aîné, le prince de Galles Albert-Édouard, surnommé « Bertie », qui partage le même goût pour les rivages méditerranéens que sa mère. Paoli le qualifie de « roi de la Côte d'Azur ». Le futur Édouard VII y est célèbre pour ses parties de tennis, ses régates sur son yacht *Britannia*, son goût pour les soirées arrosées et les jolies jeunes femmes. La reine prenait cependant soin de ne jamais se retrouver dans la même ville que son fils, lors de leurs séjours respectifs dans le Sud : elle le considérait comme responsable de la mort de son époux. Albert était revenu épuisé d'une de ses visites au prince héritier à Cambridge, après une nouvelle incartade du jeune homme – une liaison avec une actrice – et était décédé de la typhoïde peu de temps après. Après avoir accédé au trône, celui qui sera devenu Édouard VII cessera de se rendre sur la Riviera.

Encore aujourd'hui, les traces de la famille royale britannique émaillent toute la côte. Une statue de Victoria trône depuis 1912 sur le boulevard de Cimiez à Nice, en face de l'immeuble Régina. Sculpté par l'artiste Louis Maubert, inauguré en présence du président de la République Raymond Poincaré, le monument de marbre blanc représente la souveraine, assise, entourée de quatre jeunes filles qui lui offrent des brassées de fleurs et personnifient Nice, Cannes, Grasse et Menton, les villes où elle a séjourné.

La dernière mention de la Riviera dans le journal de Victoria date du 1er mai 1899. « Ma dernière charmante journée dans ce paradis de la nature, que je regrette de quitter, car je m'y attache de plus en plus chaque année, écrit la reine. Il me déplaira de retourner dans le Nord sans soleil. » Le lendemain, la monarque quitte la Côte d'Azur. Elle n'y reviendra jamais. Elle meurt un an et demi plus tard, la vision assombrie par la cataracte, en janvier 1901, à l'âge de quatre-vingt-un ans. Alors qu'elle agonisait, allongée dans son lit, elle aurait déclaré : « Ah, si seulement j'étais à Nice, je me rétablirais. »

À LIRE Michael Nelson, *Queen Victoria and the Discovery of the Riviera*, I. B. Tauris, 2001.

LES VACANCES DE L'HISTOIRE

Ranavalona III, une reine malgache sur le Bassin

Par Sarah Diffalah

Après la conquête de son île, Ranavalona III, dernière souveraine de Madagascar, est exilée par les Français à la Réunion, puis à Alger. À l'été 1901, l'administration coloniale accède à l'un de ses vœux les plus chers : lui permettre de visiter Paris et d'aller goûter aux bains de mer à Arcachon.

Viendra ou viendra pas ? Début juin 1901, les rumeurs bruissent d'un séjour à Arcachon de Ranavalona III. La dernière reine de Madagascar, déchue après la conquête de la Grande Île par les Français, devrait passer quelques semaines dans la Ville aux quatre saisons après son séjour d'un mois à Paris où elle a été reçue par le couple présidentiel, M. et Mme Loubet. Le maire, Veyrier-Montagnères, a remué ciel et terre, dit-on, pour accueillir cette visite sensationnelle. *L'Avenir d'Arcachon*, gazette locale bien informée de l'actualité mondaine, spécule : la souveraine logera-t-elle à la villa Pepa, reconnaissable à son toit courbé d'inspiration asiatique ? Ou à la villa de Moulleau, louée un mois plus tôt par un locataire inconnu qui ne serait autre que… l'ex-reine malgache elle-même ? Le Grand Hôtel, qui reçut l'impératrice Sissi, aurait eu sa préférence. À en croire un journal local, une chose est certaine : « Elle [la reine] ne passera pas inaperçue. Sa physionomie est à souhait pour piquer la curiosité de la foule. Elle est exotique ; on lui prête des romans ; elle fut malheureuse et elle est prisonnière. »

Le sort de Ranavalona III émeut la France. Voilà des mois que cette veuve de presque quarante ans supplie qu'on l'autorise à quitter Alger, où l'administration coloniale l'a contrainte à l'exil en 1897, après la chute de son royaume. Des mois qu'elle espère retrouver un peu d'autonomie et se débarrasser de la surveillance policière imposée par les autorités. Sa vie n'est que contraintes. Ses lectures et sa nourriture sont consignées, ses promenades limitées, sa sortie quotidienne en calèche sur les hauteurs de la baie étroitement épiée, tout comme ses soirées au théâtre et ses réceptions. Son existence la plonge dans la mélancolie et la dépression. Par-dessus tout, elle désire voir Paris ! Le général Joseph Gallieni, gouverneur de Madagascar, s'y oppose. Il craint que la venue de l'ancienne reine soit perçue comme une forme de réhabilitation et ravive les velléités de rébellion nationaliste des Malgaches. Paranoïaque, il redoute aussi qu'elle cherche à entrer en contact avec les Britanniques, qui ont pourtant abandonné depuis longtemps toute ambition dans une chasse désormais gardée par les Français.

« Vive Ranavalona ! »

Ranavalona III obtient enfin gain de cause en 1901. Elle débarque à Marseille le 29 mai, coiffée d'un chapeau de paille noir et vêtue d'un grand manteau de voyage. Elle est accompagnée de sa tante, Ramasindrazana, de sa nièce, la princesse Marie-Louise, dont la mère est décédée pendant l'accouchement, de la très dévouée Mme Delpeux, l'ancienne dame d'honneur et éducatrice de la petite princesse, et d'une femme de chambre. On lui adjoint un interprète, un étudiant en médecine malgache proche de Gallieni dont le rôle est aussi de surveiller étroitement l'ancienne souveraine durant son séjour. Le délégué du ministre des Colonies, Louis Lemaire, et une petite centaine de curieux l'accueillent. Mais c'est à Paris, où elle se rend dès le lendemain, qu'elle fait sensation. Les foules se pressent pour l'apercevoir. Elle est accueillie par des « Vive Ranavalona ! ». Une nuée de journalistes la suit partout. Plus de cent articles couvrent son séjour à Paris. On trouve même son portrait sur les cartes à collectionner des boîtes de biscuits LU !

Ranavalona III est la coqueluche d'une société française en mal d'exotisme. On souligne la beauté de « la reine pain d'épice », avec « ses cheveux d'un noir d'ébène » et son « teint foncé ». On l'adule, on la célèbre, elle reçoit tous les égards. Le Tout-Paris – comme la comédienne Cécile Sorel ou le poète François Coppée – lui offre des cadeaux. On lui ouvre les plus prestigieuses bijouteries. Les modistes et les couturiers lui font des courbettes. On loue son bon goût, sa distinction, sa toilette à l'européenne des plus raffinées. Elle parle un bon français, avec un petit zézaiement qui, selon un échotier, n'est « pas désagréable du tout, (et) fait penser au gazouillis d'un oiseau ». Durant son séjour parisien, elle visite Versailles, Fontainebleau, Notre-Dame et bien sûr la tour Eiffel. On s'obstine à estropier son prénom, qui signifie « la dame qui est comme un trésor », et à l'appeler « Ranavalo ».

Arcachon a été recommandé à Ranavalona III par son médecin. La toute jeune station balnéaire est la « destination santé » en vogue, le rendez-vous de toutes les élégances. Le Bassin est réputé pour son air marin vivifiant et les effluves balsamiques dégagés par les pins tout à fait appropriés aux personnes atteintes de maladies respiratoires. Les bains de mer, pense-t-on, sont efficaces contre les maladies comme la tuberculose. Les bains de sable, pense-t-on toujours, recommandés pour les infections de la peau, les contractures musculaires et le rhumatisme. Nombre d'asthmatiques de la bonne société et de l'aristocratie européenne affluent dans les chalets de cure et villas hygiénistes qui se développent. Napoléon III a effectué ici deux visites, le peintre Toulouse-Lautrec y séjourne, l'écrivain Gabriele D'Annunzio y vivra dans les années 1910. La venue de la reine à Arcachon est l'événement de la saison estivale de l'année 1901. Cette villégiature est l'occasion d'attirer encore plus de touristes et de faire parler de la ville.

Parcs à huîtres et spectacle pour enfants

Ranavalona III est accueillie à la gare par le directeur du Grand Hôtel, le maréchal des logis, le commissaire de police, la presse locale et une assistance nombreuse. Le comité de bienvenue est tout sourire. Les réjouissances tranchent avec l'orage qui vient d'éclater. « L'aspect de la reine est intelligent et même heureux ; sa physionomie indique qu'elle a conscience d'une certaine grandeur, son attitude et ses allures sont plutôt distinguées ; ses regards sont vifs, sa démarche fière et ne manque pas de grâce », écrit *Le Journal.*

Ses appartements occupent toute l'aile est du prestigieux Grand Hôtel. Ils donnent d'un côté sur le bassin d'Arcachon, où sont stationnés des yachts : on voit Arès et toute la côte jusqu'à Gujan-Mestras. L'autre côté donne sur la Ville d'Hiver, d'où émergent le Casino mauresque, le Belvédère et l'église Notre-Dame, encadrée par une verdoyante forêt de pins. Il y a de grandes fenêtres, des balcons à chacune des pièces communicantes. Une pièce est affectée à Louis Lemaire, le fonctionnaire du gouvernement qui accompagne tout le temps la reine, une autre à son interprète. Viennent ensuite les chambres du personnel : une pour la femme de chambre, l'autre pour le valet.

L'Avenir d'Arcachon fait le récit détaillé du séjour. L'heure à laquelle Ranavalona III demande une tasse de thé, celle à laquelle elle reçoit de la visite, celle à laquelle elle joue au billard ou aux dominos, tout est relaté. Souvent, elle déjeune dans le grand restaurant vitré de l'hôtel. Elle assiste aux concerts donnés par l'orchestre du Casino du Grand Hôtel. La reine est elle-même musicienne, et a un piano dans ses appartements. Elle visite le Casino mauresque, l'hôtel Continental en forêt, la Ville d'Hiver, le Grand Hôtel du Moulleau. Elle fait des promenades sur la plage dès 7 heures du matin et goûte aux fameux bains de mer, censés être thérapeutiques. Elle est toujours gaie, souriante et se prête facilement aux prises de vues des photographes professionnels et amateurs. Elle fait des virées en bateau sur l'Île aux Oiseaux, visite le port de la Teste, les parcs à huîtres où elle se fait expliquer le travail d'ostréiculteur. À bord du yacht *Pi-Ouit*, avec le maire, elle visite le phare et le cap Ferret, mais aussi la capitale girondine, Bordeaux. Elle est flattée d'apprendre l'existence d'une saynète jouée par les élèves d'une école maternelle dont elle est l'un des personnages. Le spectacle aurait été inspiré par le stationnement à Arcachon, en décembre 1895, des soldats blessés du corps expéditionnaire à Madagascar. Une représentation enfantine à la gloire des soldats français face à la misère d'un territoire défait. Une pièce pas particulièrement laudatrice pour Madagascar dans le contexte d'un colonialisme triomphant, mais qu'importe : Ranavalona III est flattée de savoir son rôle de reine interprété par des élèves. « L'épisode du spectacle pour enfants contribue à installer dans l'esprit des Français l'image d'une reine d'opérette », écrit l'historien spécialiste Frédéric Garan. Arcachon fait ses adieux à Ranavalona III le 25 juillet. La « petite reine » repart les bras chargés de gerbes et de bouquets. Elle ne reviendra pas sur le Bassin, mais effectuera d'autres visites en Auvergne, à Saint-Germain-en-Laye,

Nogent, Cabourg, Dives, Houlgate et Trouville, La Baule, Quiberville, Aix-les-Bains. Toujours avec la même marque de sympathie des plus hautes autorités de l'État.

La reine vaincue, dépossédée à jamais de son royaume, condamnée à cet exil lointain, est revigorée. Elle inspire les sculpteurs Honoré Icard et Ernest Dubois. Elle devient, aux yeux des Français, un personnage courageux et romanesque qui a su tenir son rang, même détrônée, et malgré sa funeste destinée. On s'intéresse à la femme et à sa vie domestique. Et surtout au rôle de mère qu'elle a eu pour sa nièce Marie-Louise, omniprésente sur les photographies et qui a sans doute été comme une bouée de sauvetage pour supporter l'exil. Son image n'est plus celle d'une reine, d'une responsable politique qui a voulu tenir tête à la conquête française. Le souvenir de son règne s'éloigne. « Il serait exagéré de parler d'une propagande coloniale, mais il est indéniable que cette évolution sert les desseins de Gallieni », explique Frédéric Garan.

Exilée à Alger

Rembobinons. Gallieni s'est toujours méfié de l'aura de Ranavalona III. L'accession au trône, le 13 juillet 1883, de celle qui n'était alors que la princesse Razafindrahety, après la mort de sa tante Ranavalona II, coïncide avec les velléités expansionnistes européennes et la conquête de Madagascar par la France. La jeune reine n'a que vingt-deux ans lors de son intronisation, quand elle promet : « Si quelqu'un veut prendre un morceau de terre, ne serait-ce que de l'épaisseur d'un cheveu, je me mettrai en avant, comme un homme, pour défendre la patrie. » En réalité, Ranavalona III n'a qu'un rôle en grande partie cérémonial, et n'a l'âme ni d'une grande stratège politique, ni d'un leader militaire. Toutes les décisions sont prises par son mari, de trente-trois ans son aîné : le Premier ministre Rainilaiarivony, à la tête du pays depuis 1864, qu'elle épouse par devoir d'État (celui-ci a épousé les deux précédentes reines). À la suite d'une première guerre menée par la France, entre 1883 et 1885, Madagascar devient d'abord un protectorat, la reine un instrument de domination coloniale indirecte, une monarque fantoche à qui l'on attribue une décoration de la Légion d'honneur.

Mais plusieurs révoltes, dont on dit qu'elles auraient été ordonnées par la cour, et les pressions d'un lobby pro-conquête poussent Gallieni, « constructeur de l'État moderne à Madagascar », à une « pacification militaire » qui aboutit à la prise de Tananarive le 30 septembre 1895, puis, en 1896, à l'abolition de la royauté vieille de quatre siècles et des ordres. Rainilaiarivony est exilé à Alger, où il meurt en juillet 1896. Le royaume de Madagascar devient une colonie française par la loi d'annexion du 6 août 1896. Craignant une insurrection au nom de la reine, Gallieni estime que le départ de celle-ci est nécessaire. Dans l'esprit du colonisateur, un isolement politique doit s'accompagner d'un isolement géographique. C'est dans ces conditions que, le 28 février 1897, à 2 heures du matin, Ranavalona quitte précipitamment la capitale malgache, dans la plus grande discrétion. On peut imaginer sa détresse.

Après deux ans à la Réunion, Ranavalona est installée à Alger, à trois semaines de mer de sa terre natale. Elle y vit chichement, sans faste. Faute d'argent, elle ne peut faire les réparations les plus urgentes de sa villa Le-Bois-de-Boulogne, dans le quartier résidentiel de Mustapha. Son personnel, composé de compatriotes, sombre dans la boisson car ses membres ont le mal du pays. Pour rompre l'ennui, remonter son moral au plus bas, l'ex-reine donne chaque hiver des réceptions. Elle n'est pas totalement en prison. Elle est traitée avec les honneurs dus à son rang, on l'introduit dans les milieux bourgeois et mondains d'Alger, elle passe en France les vacances évoquées ci-dessus… mais tout contact avec Madagascar est proscrit. En 1911, la pension annuelle versée par l'État français, qui a confisqué tous ses biens – dont la célèbre couronne du Dais, restituée en 2020 –, est sensiblement augmentée. Sa popularité, l'empathie qu'elle a suscitée dans l'opinion publique lors de ses séjours en métropole ont eu raison de la rigidité des autorités coloniales. Sa rente est portée de 30 000 à 50 000 francs par an : à peu près ce que l'on donne à un trésorier-payeur général, beaucoup moins que ce que l'on donne au prince d'Annam, Ham-Nghi, lui aussi exilé à Alger, tout comme le sera le roi d'Abomey (dans l'actuel Bénin), Béhanzin, en 1906. « Le regroupement des exilés facilite le travail pour la France, qui peut ainsi mieux les surveiller. C'est aussi un moyen d'exercer une pression supplémentaire, leur présence réciproque rappelant à chacun la toute-puissance de la France », écrit Frédéric Garan.

Ranavalona meurt d'une embolie, le 23 mai 1917, à cinquante-cinq ans, sans jamais revoir son pays. Les obsèques, avec des représentants de la métropole et d'Algérie, passent presque inaperçues. Elle est enterrée, aux côtés de sa sœur, au cimetière de Saint-Eugène d'Alger. C'est sous le soleil clair d'une après-midi chaude que son corps sera exhumé en septembre 1938 et renvoyé à Madagascar, cette fois avec une certaine pompe. Ce retour de la dépouille royale, loin d'être anecdotique, n'est pas une simple formalité pour la politique coloniale. Réclamé par la population malgache, il vise à témoigner de la bienveillance de la France envers les sujets de ses colonies et de son respect des traditions locales d'inhumation des morts. Le cercueil est drapé des couleurs tricolores françaises. Un comble pour une reine exilée parce que considérée comme une ennemie de la France ! Comme si l'exil était un bienfait de la « mission civilisatrice » de la colonisation… La page est tournée, les cérémonies se lisent comme un nouveau départ de l'amitié entre Malgaches et Français… « C'est bien une reine réhabilitée, intégrée au roman national de la construction de la plus Grande France, qui revient sur la terre de ses ancêtres, une terre maintenant française, d'une France qui sait se montrer magnanime », explique Frédéric

Garan. Les discours tenus lors de ses obsèques sur la Grande Île louent une femme qui a apprécié les « profondeurs de l'âme française et le génie créateur de la vieille nation ». C'était ignorer que pour les Malgaches, au contraire, ce retour post-mortem signait celui d'un ressentiment politique qui se transformerait, bien plus tard, en rêve d'indépendance.

À LIRE Frédéric Garan, « L'Exil de Ranavalona III, dernière reine de Madagascar », *Diasporas* (en ligne).

Frédéric Garan, « Ranavalona III et Mohammed Ben Youssef : deux exils en effet de miroir dans l'Empire colonial français », *Viaggiatori*, 2018.

Marie-France Barrier, *Ranavalo, dernière reine de Madagascar*, Balland, 1996.

LES VACANCES DE L'HISTOIRE

Lénine à la plage

Par Pascal Riché

En 1910, sept ans avant la révolution d'Octobre, le leader socialiste russe est au creux de la vague : il est en exil en France, en guerre avec ses rivaux au sein du parti social-démocrate, et en difficulté financière. En juillet, il s'en va pêcher la crevette à Pornic. Mais pourquoi ?

Lénine, selon l'image martelée par des années de propagande soviétique, est un orateur penché vers la foule, le doigt pointé. Ou alors un conquérant, menton en avant, devant un drapeau rouge qui claque au vent. Pour les marxistes-léninistes, il reste « le chef », « le vieux » ; pour ses adversaires, « le doctrinaire » ou « le tyran rouge ». En ce bel été de 1910, Vladimir Ilitch Oulianov, quarante ans, a les pieds dans l'eau, pantalon retroussé, et pousse un haveneau sur la plage de Pornic, département de la Loire-Inférieure. Il porte casquette et moustache, mais pas de bouc. Il traque les crevettes.

L'homme d'Octobre à Pornic ! Presque un oxymore. La petite ville n'a rien de révolutionnaire. Elle est le seul endroit un peu animé du pays de Retz, cette enclave ultra-catholique et conservatrice, fermée au nord par la Loire, au sud par les marais et à l'ouest par l'océan. Une terre chouanne jusqu'à l'os. Le fief politique d'un certain marquis de Juigné et de ses amis. Les deux tiers des postes électifs sont occupés par la noblesse locale.

Lénine est arrivé le 22 juillet, par le train de Paris, où il vit en exil. Sa femme et sa belle-mère, déjà sur place, sont allées chercher à la gare celui qu'elles surnomment « Choukourka ». Elles l'ont conduit à la villa Les Roses, non loin de là, dans le quartier de Gourmalon, où elles louent deux pièces au couple Dodard, un douanier et une blanchisseuse.

Le leader socialiste est en vacances, cela tombe bien. Il est épuisé. Il lui faut se reposer de son voyage à Capri, où il vient de se réconcilier avec son frère ennemi Maxime Gorki, qui y est en exil. Il doit préparer le congrès de l'Internationale socialiste, qui se tiendra à Copenhague fin août. Les cinq dernières années ont été éprouvantes, une traversée du désert ponctuée de dépressions. Après la révolution de 1905, les Oulianov, traqués par l'Okhrana, la sinistre police secrète du tsar, ont dû fuir. Ils sont d'abord allés en Suède, puis à Genève, « ce trou infect ». Puis enfin dans le 14e arrondissement de Paris, encore populaire, où se sont réfugiés de nombreux autres Russes. Lénine loge dans 48 mètres carrés avec sa femme et sa belle-mère, rue Marie-Rose.

Il vit, durant cet été 1910, une période de grande incertitude. Il lui faut contrer les attaques de ses rivaux au sein du parti ouvrier social-démocrate russe : d'un côté les mencheviks et leurs alliés – qui refusent l'action clandestine ; de l'autre les gauchistes, qui ne jurent que par l'insurrection immédiate. Il ne croit guère aux chances de l'unification défendue avec succès par Trotski lors du comité central qui s'est tenu à Paris en janvier. Elle n'est, a-t-il écrit à Gorki, qu'« un bébé couvert d'abcès ». La vérité, c'est qu'il perd le contrôle de la machine. « La situation est critique. Depuis le plénum [du Comité central], nous avons perdu trois bolcheviques », écrit-il, trois jours avant de partir pour Pornic, à un éphémère allié. À cette époque, « il apparaissait comme un personnage pathétique et discrédité, relate l'historien Adam B. Ulam. En 1910, on avait coutume de dire chez les mencheviks que Lénine était fini. »

Financièrement, la situation est à l'avenant. La mère de Lénine, souvent sollicitée, lui tient la tête hors de l'eau. En novembre 1909, après de longues et invraisemblables péripéties, il a mis la main sur un héritage destiné au parti, le « legs des sœurs Schmidt ». Il l'a versé sur un compte ouvert au Crédit lyonnais, mais les mencheviks réclament une partie du magot et la guerre est sans merci. Oui, Lénine a bien besoin de vacances.

Au « grand air »

Pourquoi Pornic ? L'idée est venue de sa belle-mère, Elizaveta Vassilievna Tistrova. Un an plus tôt, en 1909, cette femme de soixante-sept ans a profité de la première « colonie de vacances » pour militants organisée par la Section française de l'Internationale ouvrière (SFIO) à Étables-sur-Mer, sur la côte du Goëlo. Le parti de Jaurès cherche alors à développer un socialisme « vivant » et « pratique ». Il a fondé une société, Le Grand Air, pour gérer tout cela et louer des villas au bord de la mer. Elizaveta en est revenue enchantée. Elle a décidé cette année d'y entraîner sa fille et son gendre. Mais entre-temps, fort du succès de sa première édition, Le Grand Air a cherché à acheter son propre hôtel et en a déniché un à Pornic, fermé depuis deux ans : 6 500 mètres carrés, trois étages, face à la plage de Noëveillard, derrière le casino, le tout pour 80 000 francs seulement, une affaire. Lorsque les notables pornicais ont découvert qu'une horde de Rouges allait débarquer sur leur rivage (et ruiner leurs efforts pour attirer le beau monde parisien et concurrencer Biarritz), ils se sont cotisés pour surenchérir ; les 125 000 francs qu'ils ont mis sur la table n'y ont rien fait : les contrats étaient déjà signés.

L'épouse, Nadejda Kroupskaïa, et sa mère ont donc débarqué dans cette drôle de colonie. Malgré l'objet social de l'association, pensée pour permettre aux prolétaires de découvrir les joies des vacances balnéaires, elles n'ont croisé dans les couloirs de l'hôtel que très peu d'ouvriers et beaucoup de cadres de la SFIO en goguette. Si l'on en croit les Mémoires de Nadejda, ces internationalistes étaient peu accueillants avec les étrangers : « Notre vie dans la colonie ne s'arrangea pas comme il aurait fallu. Les Français menaient une vie très fermée, chaque famille se tenait à l'écart des autres ; à l'égard des Russes, on témoignait une certaine animosité ; telle était notamment l'attitude de la directrice. »

« Baignades, etc. »

Cette directrice-là, Gabrielle Cambier, est cadre à la SFIO. Elle est sur les dents. Les travaux entrepris après le rachat de l'hôtel, canalisations, salles d'eau, cuisines, traînent en longueur… Et puis, comme il est venu plus de pensionnaires qu'elle n'en peut loger, elle est obligée d'en recaser chez l'habitant, et où elle peut. Les deux arrivantes russes ont commencé leur séjour dans une méchante pièce servant de vestiaire dans la journée.

Trois autres bolcheviques russes arrivent bientôt : Vladimir Kostitzine, un étudiant de vingt-sept ans, sa femme, et un « gauchiste », Savouchka, tenant d'une faction opposée à Lénine. À peine installé, l'étudiant s'engueule copieusement avec la directrice. Le trio est expulsé. Il convainc Nadejda Kroupskaïa et sa mère de partir avec eux. Ils trouvent rapidement un autre point de chute, un bon logement en ville. C'est ainsi que Nadejda et « Babouchka », comme on appelle la vieille dame, atterrissent dans la villa Les Roses, rue Mondésir, une impasse charmante. Elles apprennent à y cohabiter avec le douanier, sa femme blanchisseuse et leurs enfants. Le courant passe bien.

Lénine débarque dans cette drôle d'ambiance. « Que faire ? » doit-il se demander à son habitude. À en croire le récit de sa femme, il trouve rapidement sa place : « Il faisait beaucoup de bicyclette et prenait souvent des bains de mer ; il adorait la mer et le vent du large. Il bavardait gaiement avec Kostitzine et mangeait avec engouement des crabes que notre maître de maison pêchait pour nous. Il prit nos propriétaires en grande affection. »

Les femmes font la cuisine, les hommes sont chargés des courses et de la corvée de puits (l'eau courante n'arrivera qu'en 1934). Kostitzine doit « s'occuper de Lénine », mais en évitant « les sujets politiques sensibles afin de préserver la paix et les bonnes relations ». Il racontera plus tard fièrement qu'il avait tout fait pour épargner au grand homme trop d'allers-retours à la fontaine.

Lénine adore ses hôtes, de farouches républicains. Il s'esclaffe en voyant Mme Dodard, une « commère au verbe haut », envoyer dans les cordes le curé venu proposer de faire entrer son fils de dix ans au petit séminaire : « Mon fils en soutane ? Il n'y a peut-être pas assez de corbeaux ? » Bien que peu connu encore (y compris des milieux ouvriers), il reçoit quelques admirateurs socialistes. Dans sa correspondance, Lénine n'est pas très disert sur cette parenthèse balnéaire. Sur une carte postale adressée le 1er août à sa sœur Maria, installée en Finlande, il écrit : « Chère Maniacha, je t'écris de Pornic. Nous prenons un repos merveilleux. Baignades, etc. » C'est tout.

Ce repos « merveilleux » est très relatif. Comme toujours, Lénine travaille beaucoup. Membre du bureau de l'organisation, il prépare le congrès de l'Internationale qui va se tenir à Copenhague (28 août-4 septembre). Il s'apprête à être mis en procès par tous ceux qui l'accusent d'être le « fossoyeur » du mouvement socialiste russe. Il met au point un discours sur l'importance des coopératives dans la structuration du mouvement ouvrier et se passionne pour les réformes agraires.

Cela étant, en ce bel été, la révolution n'est pas la seule chose qui occupe ses pensées quand il regarde la mer. Les derniers léninistes nous le pardonneront-ils ? Après avoir figuré, au début de cet article, Lénine les pieds dans l'eau salée, une épuisette à la main, nous allons aggraver notre cas en le plongeant dans l'eau de rose.

Une femme dans ses pensées

Une femme extraordinaire vient en effet d'entrer dans sa vie. Inès Armand, trente-six ans, est une Française élevée à Moscou, fille d'un chanteur d'opéra, épouse d'un industriel, mère de cinq enfants. Elle parle quatre langues, joue du piano, est pleine de vie et d'énergie. Elle a rapidement embrassé la cause socialiste. Elle a aussi connu de grandes douleurs, comme la perte de son amant, qui n'était autre que le frère de son mari. Bouleversée par ce deuil, elle erre en Europe de ville en ville, pâle comme une morte. De passage à Paris en 1909, elle rencontre Lénine, dont elle connaissait les écrits, probablement lors d'une des conférences qu'il donne dans le café de l'avenue d'Orléans (aujourd'hui : du Général-Leclerc) qui sert de QG aux bolcheviques exilés. Le révolutionnaire tombe sous le charme de cette institutrice, ce qui surprend ses proches. Le prude Lénine est en effet réputé pour être aussi perméable aux sentiments que la carrosserie d'un train plombé.

Il succombe pourtant à son charme, et la Française va former, avec lui et sa femme Nadejda Kroupskaïa, qui la prendra en affection, un trio dont les historiens n'ont pas encore percé tous les secrets. Ces derniers se disputent encore, comme de vulgaires journalistes people, sur la nature de leurs relations.

Les plus créatifs imaginent une histoire torride. Les plus sérieux s'en tiennent à une intense proximité intellectuelle. La Russie a longtemps tenu secrètes certaines lettres entre Ilitch et Inès, ce qui n'a rien fait pour calmer les imaginations. La correspondance donne en effet à penser. Les phrases les plus *hot* de Lénine ne vont pas plus loin que « Ma chère, ma plus chère amie », ou bien, quand elle vient d'accepter de le représenter à une ennuyeuse réunion à Bruxelles, « Oh, j'aimerais vous embrasser mille fois et vous remercier. » Dans une lettre qu'elle lui adresse en décembre 1913, Inès se souvient de leurs premières promenades parisiennes en 1910 : « J'avais si peur de vous [...] j'aurais préféré mourir sur place que de vous approcher... Je n'étais pas amoureuse de vous, mais je vous aimais tant. »

Passent-ils du temps ensemble à Copenhague, juste après Pornic ? Certains historiens l'affirment. C'est en effet Lénine qui, voyageant pour une fois sans sa femme, dégote à Inès un billet « visiteur » au congrès de l'Internationale. Et à l'issue de ce dernier, il reste deux semaines dans la capitale danoise. Deux semaines dont on ignore tout. Un historien allemand, Ladislaus Singer, suggérera une lune de miel. Toujours est-il qu'ensuite la jolie Française, qui étudiait alors à Bruxelles, rejoint Paris pour devenir la plus proche collaboratrice du révolutionnaire. Il va même jusqu'à l'installer, avec trois de ses enfants, dans un appartement situé à un numéro d'écart dans la même rue Marie-Rose. Elle aide Lénine à monter une école de cadres bolcheviques à Longjumeau. On les voit souvent ensemble dans le Café des Mailleurs, avenue d'Orléans. Le communiste français Charles Rappoport racontera sans grande élégance : « Il ne pouvait détacher ses yeux de Mongol de la petite Française. »

Inès Armand meurt en 1920, quatre ans avant lui. Elle est enterrée dans la nécropole du mur du Kremlin et Lénine adopte sa fille Inna.

Kostitzine, l'ami de l'été à la plage, ne joue pas un grand rôle dans la révolution. Il revient en France en 1928 pour devenir un des pionniers de la biologie mathématique.

Dans les années 1960, enfin, la DST s'intéresse de près à la villa Les Roses de Pornic. Les services de renseignement craignent que le pouvoir soviétique ne soit tenté de l'acheter…

À LIRE Adam B. Ulam, *The Bolcheviks*, The Macmillan Company, 1965.

Nadejda Kroupskaïa, *Ma vie avec Lénine, 1893-1917*, Payot, 1933.

Vladimir Kostitzine, *Mon bonheur perdu. Russie en Mémoires*, Novoe literaturnoe Obozrenie, Moscou, 2017.

Jean Fréville, *Lénine à Paris*, Éditions Sociales, 1968.

Ralph Carter Elwood, *Inessa Armand : Revolutionary and Feminist*, Cambridge University Press, 1992.

LES VACANCES DE L'HISTOIRE

Clemenceau, le Tigre s'en va-t-aux Indes

Par François Reynaert

Le patriote Georges Clemenceau était aussi féru de civilisations orientales. Après son échec à la présidentielle de 1920, il assouvit sa passion des voyages dans un long périple en Asie du Sud-Est, sur les traces de Bouddha.

Que faire quand on a gagné une guerre, négocié six mois avec l'ensemble des puissances mondiales pour accoucher du traité de Versailles, et qu'on approche doucement de ses 80 ans ? Se retirer à la campagne pour écrire ses Mémoires, accepter enfin de se reposer ? Certainement pas quand le sang d'un félin coule dans vos veines. En janvier 1920, le destin de Georges Clemenceau rebondit une fois encore, mais il semble que ce soit la dernière. Alors qu'il dirige toujours le gouvernement, il a donné son accord pour que ses amis présentent sa candidature à la présidence de la République. Craignant que l'énergique vieillard ne donne un peu trop d'importance au poste, la majorité de la Chambre, dans un simple scrutin préparatoire, vote pour Paul Deschanel. Piqué au vif, le Père la Victoire se retire de la course le jour même et présente le surlendemain sa démission de président du Conseil.

Une semaine après, il a déjà retrouvé la forme. « Ça m'a rajeuni de dix ans ! » souffle-t-il à un proche. Cela lui permet surtout de s'adonner enfin à une vieille passion, difficile à assouvir quand on dirige un pays : voyager. En février 1920, il embarque pour l'Égypte et le Soudan. Il en revient en avril, ravi. On l'a « traité comme un potentat », il a chassé l'hippopotame sur le Nil, vu les cataractes, les pyramides, des tas de palmiers « qui ressemblent à des plumeaux » et des baobabs « à de grandes tours », mais très laides. Sitôt rentré, il pense à repartir, et se souvient de l'invitation que lui a faite, lors de la Conférence de la Paix, l'élégant maharaja de Bikaner, membre du cabinet de guerre impérial britannique, qui représentait l'Inde à Paris. Ne résistant sans doute pas à l'idée de faire un bon mot, le prince de ce petit État de l'actuel Rajasthan avait proposé au Tigre de venir, chez lui, chasser le tigre. C'était tentant. À l'été 1920, le vieux fauve se décide. Ce sera l'Inde !

Une quête obstinée

Le 21 septembre 1920, à une semaine de son soixante-dix-neuvième anniversaire, le plus célèbre moustachu de France est sur le pont du *Cordillère*, un paquebot des Messageries maritimes. Il a voulu entraîner dans l'aventure son cher ami Claude Monet, le peintre, mais celui-ci, qui avait déjà refusé l'Égypte, trop fatigué, a décliné de nouveau. Avec Clemenceau, il y a donc Albert, son fidèle majordome ; Nicolas Pietri, un de ses proches, homme d'affaires et de presse ; et un industriel de Cholet fortuné, un certain Turpault, qui s'était proposé de participer à l'expédition, accompagné de sa femme, et a dû vite le regretter. Il ne faudra pas trois jours pour que son obséquiosité exaspère l'atrabilaire radical, qui passera le voyage à l'assassiner de ses célèbres remarques acides. La petite troupe est en route pour un périple qui la conduira à Ceylan, Singapour, Java, Bali, la Malaisie, la Birmanie puis l'Inde, dont rêve le vieil humaniste. Avec un programme aussi vaste, il ne cherche pas seulement à se distraire des fatigues de la charge qu'il vient de quitter. Il suit une quête obstinée. Il veut « remonter jusqu'aux origines des peuples, à l'Asie » pour aller sur les traces de la « mère de la civilisation ».

Clemenceau est le plus inclassable de nos hommes d'État. Parti de l'extrême gauche, il a été récupéré après 1918 par la droite, qui, depuis, voudrait en faire une icône du patriotisme hexagonal, un coq gaulois à moustaches. C'est oublier qu'il fut aussi un affamé du monde, un passionné d'ailleurs et de découvertes. Cela vient de loin. En 1865, à la suite d'un dépit amoureux, il s'en va pour l'Amérique, où il passe quatre ans à fréquenter du monde et donner des cours à des jeunes filles. Il en revient avec la femme qui lui donnera ses trois enfants – et à qui il fera bien des misères – mais aussi avec une pratique excellente de l'anglais, ce qui n'est pas fréquent dans la classe politique de son temps. Dès qu'il peut, il s'évade, se promène. En 1896, il découvre la Grèce. Il se rend à plusieurs reprises à Vienne et une fois à Berlin, incognito, pendant qu'il dirige son premier ministère de 1906-1909. À sa chute, il accepte une longue tournée de conférences bien payées en Amérique du Sud pour se refaire une santé financière. Il en rapporte 1 200 kilos de plantes exotiques, d'animaux empaillés et autres bagages.

Médecin de formation, rad-soc de tempérament, Clemenceau aurait pu être aussi un de ces scientistes comme le XIXe siècle en a tant produit, convaincu de la supériorité de la culture occidentale, toisant celles du reste du monde. Mais toutes le fascinent et lui inspirent le plus grand respect, surtout celles d'Orient. Cet humanisme intégral éclate déjà lors du fameux débat sur la colonisation de 1885, qui l'oppose à Jules Ferry. Alors que le président du Conseil vient de plaider le « devoir, pour les races supérieures, de civiliser les races inférieures », son grand opposant de gauche explose face à l'Hémicycle : « Race inférieure, les hindous ! Avec cette grande civilisation raffinée qui se perd dans la nuit des temps ! [...] Inférieur, Confucius ! »

Plusieurs frayeurs

Ce penchant est esthétique. Comme ses amis impressionnistes, Clemenceau s'est piqué de japonisme et a tenu longtemps une impressionnante collection de *kogo* – des boîtes à encens –, qui a dû hélas être dispersée lors de sa ruine après le scandale de Panama.

Étonnamment, le rugueux anticlérical, sans doute athée, trouve aussi là-bas de quoi nourrir ses interrogations spirituelles. Au tournant du siècle, il a participé à deux cérémonies bouddhiques organisées à Paris, au Musée Guimet, et n'hésite jamais à dire tout le bien qu'il pense de Bouddha, ce « Christ sans Golgotha ». Il aurait pu satisfaire cette passion au chaud, dans sa bibliothèque. Il préfère l'alimenter en se rendant là où le sage a vécu, où ses fidèles continuent depuis des siècles à le vénérer.

À son âge, à son époque, l'équipée n'est pas sans risque. À plusieurs occasions, son état cause des frayeurs à ses compagnons. À Bali, il attrape un rhume qui dure deux mois. À l'arrivée à Calcutta, il est pris de fortes fièvres que les médecins convoqués à la hâte n'arrivent pas à calmer. Ils lui intiment de reprendre d'urgence un bateau pour la France. Il refuse : « Pourquoi mourir un dimanche plutôt qu'un jeudi ? Ici plutôt que là-bas ? Je rentrerai en France à la date que je me suis imposée. » Et il reprend son parcours au train d'enfer qu'il impose à tout le monde. Dans des notes, qu'on trouve au Musée Clemenceau à Paris, le fidèle Nicolas Pietri raconte drôlement l'épreuve qu'il y avait à suivre un vieillard en si grande forme. Curieux de tout, il est capable de faire 1 000 kilomètres en train pour voir un site qu'on lui a dit immanquable et de réveiller sa troupe en pleine nuit pour revoir une troisième fois les constructions de Borobudur, à Java, qui, littéralement, le bouleversent. « Le gothique s'est trompé en cherchant la hauteur pour se rapprocher de la Toute-Puissance, écrit-il à son retour dans *Au soir de la pensée*, son grand livre de réflexion qu'on ne lit plus guère. Borobudur nous représenterait plutôt un soulèvement volcanique des puissances terrestres vers l'infini, le temple de l'effort. »

Il ne ménage jamais les siens. Le vorace veut tout voir, tout avaler, les sites archéologiques, les plantations de thé, le zoo de Batavia, la jungle malaise, et toutes les merveilles de l'Inde. Il n'hésite jamais à ajouter des étapes au programme officiel éreintant auquel il n'a pu couper. Comment les autorités des pays qu'il visite ne mettraient-elles pas les petits plats dans les grands pour recevoir un homme devenu, depuis la guerre, un des plus célèbres au monde ? Visite guidée, cérémonies en son honneur, interminables discours – auxquels il répond souvent en anglais –, dîners de gala, réceptions chez tout ce que cette partie du monde compte alors de gouverneurs et de vice-rois, et casse-tête diplomatiques à l'occasion, pour en ajouter encore à ce menu déjà chargé. Apprenant qu'il est dans les parages, le maharana d'Udaipur veut absolument voir la vedette du moment mais ne sait comment s'y prendre. Le convoquer serait indélicat.

Aller vers lui serait déroger. On convient discrètement d'une rencontre « impromptue ». Clemenceau ira visiter un jardin du prince où, « par hasard », celui-ci se promènera. Sur la route pour s'y rendre, note Pietri, le visiteur est salué par des centaines de gardes royaux en grand apparat, sans doute eux-mêmes installés là de façon fortuite. L'entrevue au jardin se passe fort bien, suivie d'un nouveau dilemme. Le maharana veut garder le Père la Victoire à dîner, mais sa caste lui interdit de partager des mets avec un impur. Il fait donc servir tout le monde, s'éloigne, et, après un somptueux feu d'artifice, revient passer la soirée avec son hôte pour échanger avec lui des blagues sur un sofa.

Le feulement espéré

Il y a des déceptions. Lors d'une halte, au grand scandale des autorités coloniales, le voyageur veut voir danser des bayadères. « Elles ont exécuté des choses assez médiocres qui m'ont rappelé, en moins exotique, l'Exposition universelle de 1878 », racontera-t-il à son secrétaire. Et il trouve la population indienne en fort mauvais état : « Il faut voir ce qu'ils mangent. Une espèce de confiture noire qui a un goût de poisson pourri. » Il y a aussi des éblouissements. Le plus intense lui tombe dessus au bord du Gange, dans la ville la plus sacrée de l'hindouisme. « Java est merveilleux. Ceylan est admirable. Rien ne tient devant Bénarès. » Il pense à son cher Monet, et lui envoie une lettre magnifique pour dépeindre ce qu'il a vu : « Un grand fleuve bleu clair avec une grande courbe de palais blancs, qui vont s'estompant dans une poudre d'aurore. »

La politique est la seule activité dont il se détourne. Fidèle à sa ligne anticoloniale de 1885, il refuse de pousser jusqu'à l'Indochine, qui n'est pourtant pas loin. Djibouti, escale obligatoire du premier bateau, reste le seul territoire de l'Empire où il ait posé le pied. Il se sent bien, en Inde. Le nationalisme en ébullition ne lui déplaît pas. Tout ce qui peut affaiblir l'Angleterre n'est pas vraiment mauvais pour la France… Il se garde bien, pour autant, de tout ce qui pourrait ressembler à une immixtion dans les affaires coloniales britanniques. Il refuse ainsi de voir Gandhi. Dommage pour l'Histoire. Par-dessus tout, il veut sa chasse au tigre. N'est-il pas venu pour ça ? L'entreprise n'est pas si facile. Il a planqué des heures dans la forêt malaise, Pietri assis derrière lui sous un parasol. Il en est reparti bredouille. Le seul mouvement perçu dans les branchages, écrit-il à son frère, venait « d'un traqueur malais que je n'ai pas tué car c'est défendu ».

Début janvier 1921, il est chez le maharaja de Bikaner, l'homme qui a donné le prétexte au voyage. Il y est reçu dans « un palais des *Mille et Une Nuits* » avec une centaine d'autres invités, notables britanniques, diplomates, militaires, aristocrates indiens. Le prince doit leur annoncer un changement de programme. Il a tellement chassé qu'il n'y a plus de félins dans ses domaines. Il faut aller sur les terres de son voisin, le prince de Gwalior. Celui-ci met toutes les chances de son côté pour satisfaire ses hôtes. Quelques jours avant leur arrivée, on a attaché une dizaine de buffles à des arbres pour attirer les fauves. Le matin du jour J, des milliers d'hommes ont fait une battue pour les rabattre vers le lieu désiré. Clemenceau est derrière son fusil, confronté à un problème tactique. Que faire de son lorgnon ? S'il le garde, il voit la mire, mais pas le but. S'il l'enlève, le but mais pas la mire. Il l'ôte et après des heures d'attente, entend le feulement espéré.

Il tire et tue un premier tigre puis, quelques instants plus tard, en blesse un deuxième. Le maharaja de Gwalior en ajoute un troisième au tableau. Pour fêter ça, un festin est servi, dans la jungle, à des milliers de personnes qui mangent à terre. Avant la fin du repas, arrive un éléphant chargé des trois fauves qu'on dépose devant ceux qui les ont tués. Clemenceau, très fier, ne peut s'empêcher de faire le mariole en écrivant à sa chère amie la comtesse d'Aunay : « Vous pensez bien que j'ai pris des leçons de chasse au tigre. C'est très simple. J'ai le fusil et le tigre n'en a pas. »

La troupe peut continuer le voyage : fort d'Amber de Jaipur, Bombay, Mysore, puis Madurai enfin, où l'on embarque. Le 21 mars 1921, Clemenceau est à Toulon. Un an plus tard, il fait encore une tournée de conférences aux États-Unis pour y défendre son traité de Versailles. Puis rentre dans ses tanières, sa « bicoque » de Vendée et son rez-de-jardin de Paris, où il meurt en 1929 dans la chambre qu'on visite toujours. Ornant le ciel de lit, un petit dragon chinois sculpté. Sur le bureau, une *Vie de Bouddha*.

À LIRE *Clemenceau, le Tigre et l'Asie*, catalogue d'exposition – Musée Guimet, Snoeck, 2014.

Remerciements particuliers au musée Clemenceau (8, rue Benjamin Franklin, Paris 16e), qui nous a ouvert généreusement ses archives.

LES VACANCES DE L'HISTOIRE

Le Duce en maillot

Par Pascal Riché

Tous les étés, Mussolini et sa famille se rendent à Riccione, station balnéaire de l'Adriatique. Cela lui permet de mettre en scène son corps prétendument athlétique, qu'il offre à la dévotion de son peuple. Et, à l'occasion, comme en 1933, de faire de la diplomatie d'urgence.

Le dimanche 20 août 1933, sous le soleil de midi, un petit homme aux yeux bleus sort du Grand Hôtel de Riccione, au bord de l'Adriatique, et s'avance sur la plage, « la plus belle d'Italie après celle du Lido ». Après être allé à la messe, il est repassé à l'hôtel pour se façonner une tenue plus balnéaire. Il a abandonné son gilet et posé sa veste sur son bras. Il a toutefois gardé son faux col amidonné et sa cravate, et tient son chapeau à la main. Marchant dans la chaleur, au milieu des baigneurs en maillot ou des yachtmen en flanelle blanche, il offre un spectacle un peu burlesque. À sa décharge, il faut dire qu'Engelbert Dollfuss a fait sa valise en catastrophe.

Surnommé à Vienne « Millimetternich » (il mesure 1,51 m), il est chancelier de l'Autriche, un pays fragile que l'Italie tente de protéger contre les visées du voisin allemand. Son ami Mussolini l'a convoqué. Il a aussitôt sauté dans son coucou pour franchir les Alpes carinthiennes et atterrir à Rimini, non loin de là. Son empressement peut se comprendre : la situation ne cesse de dégénérer, à cause du nouveau chancelier allemand, Adolf Hitler, qui est obsédé par l'idée d'un *Anschluss*, d'une « jonction ». De l'autre côté de la frontière, la radio de Munich échauffe quotidiennement les esprits pronazis d'Autriche, et insulte le gouvernement de Vienne. On comprend que Dollfuss n'ait pas hésité à aller retrouver son protecteur, dans la station balnéaire où le dictateur italien passe ses vacances. Lui seul semble en mesure d'apaiser la tension.

Riccione est l'un des lieux préférés de villégiature de Mussolini. Chaque été depuis 1926, il y passe quelques jours avec sa famille. Le choix de cette station ne doit rien au hasard. Créée vers 1880, elle accueillait initialement des vacanciers de l'élite, avant de s'ouvrir à un public plus populaire après la Première Guerre mondiale. « Dans les années 1920, elle a pris ce caractère *cheap and chic* qui convenait parfaitement aux stratégies de communication du Duce », commente le spécialiste du tourisme Andrea Pollarini, président de l'École supérieure du loisir de Rimini. En vacances, le Duce endosse le costume de *pater familias*. Sa femme Rachele s'occupe de lui, le sert, gère sa garde-robe. Elle se définit davantage comme « la mère de ses enfants plutôt que sa femme », tant il a de maîtresses. Elle s'en tient au manuel de la fasciste, qui prescrit que les femmes soient les « gardiennes du foyer, travaillant dans le silence et l'humilité à l'accomplissement de la haute mission que la patrie leur confie ».

Santé, énergie, modernité

Cet été 1933, le chef de l'État loge avec sa famille à l'Hôtel Milano Helvetia, dirigé par un de ses camarades de la Grande Guerre (l'année suivante, les Mussolini posséderont leur propre villa, une bâtisse couverte de lierre, en bordure de plage). Le dictateur aime marcher, nager et faire du bateau. Il aime surtout se montrer en train de marcher, nager et faire du bateau. Les badauds se pressent pour apercevoir le Duce. À son passage, même à moitié dans l'eau, ils font le salut fasciste. Parmi eux, des policiers en civil, c'est-à-dire en maillot de bain, sont sur les dents. Non loin, des agents de la Garde présidentielle, habillés tout en noir, se tiennent prêts à surgir de tous côtés. Les habitants de Riccione les surnomment « les cafards ».

Engelbert Dolfuss est accompagné du sous-secrétaire d'État italien aux Affaires étrangères Fulvio Suvich (la fonction de ministre des Affaires étrangères étant cumulée par Mussolini lui-même). Il connaît bien, lui, les codes vestimentaires de circonstance. Sur les photos, il porte un polo sur un pantalon clair à pinces et son bronzage est impeccable. Voici comment la revue *Aux écoutes*, un hebdomadaire français nationaliste et anti-allemand, raconte la suite dans son édition du 26 août 1933 : « Les deux hommes prirent une barque à rames devant l'hôtel et, à quelques centaines de mètres du rivage, ils retrouvèrent Mussolini, qui était en train de faire son crawl quotidien. Le Duce avait déjà parcouru deux kilomètres à la nage, entouré comme d'habitude d'un cercle de policiers en canots automobiles et hydroglisseurs. Il héla le chancelier et l'invita à passer dans le bateau à voile qui attendait sa sortie de l'eau. Peu après, il rejoignait ses hôtes dans l'embarcation qu'il se mit à diriger lui-même, faisant d'abord quelques évolutions à la voile, puis revenant vers la plage, debout à la barre, en caleçon de bain, bien visible de la petite foule de baigneurs qui entre-temps s'étaient rassemblés. Le débarquement fut très applaudi. » Bien sûr, il faut prendre ce récit avec des pincettes. On sait par exemple que le leader fasciste ne nageait jamais aussi longtemps. Mais cette description retranscrit bien l'esprit de Riccione, écrin du corps glorieux du dictateur.

Mussolini est le premier dirigeant du XXe siècle à utiliser pleinement son corps comme outil de communication politique. « Cette stratégie se développe dans deux directions, distingue Andrea Pollarini, d'une part celle du corps mythifié à travers les portraits, sculptures et autres formes de narration ; de l'autre, celui du corps partagé avec le peuple, à travers d'interminables "bains de foule" repris par les journaux et les actualités cinématographiques. Riccione est le lieu de représentation du corps du Duce dans la dimension des loisirs et des vacances. » Le message envoyé par ces images balnéaires est clair : la santé, l'énergie, mais aussi la modernité – dans l'Italie des années 1930, l'accès de la classe moyenne aux vacances est assez nouveau.

« Un géant parmi les Pygmées »

Pour se mettre en scène, le dictateur s'appuie sur l'Istituto Luce (L'Unione Cinematografica Educativa). Il a fondé cet institut national du cinéma en 1924 avec le journaliste Luciano De Feo. L'organisme le promeut et le conseille. Avec l'aide de ses experts, Mussolini passe une partie de ses soirées à étudier, dans les actualités filmées, les techniques de communication de ses homologues étrangers. Et des caméras le suivent, ainsi que sa famille, documentant chacune de leurs activités. Lorsqu'il arrive à la station balnéaire, c'est au volant de son Alfa Romeo très rapide. Ou en hydravion, appareil alors considéré comme l'avenir de l'aviation. Les sorties aquatiques sont les plus soignées. Le corps du chef est offert aux Italiens, muscles luisants, crâne brillant. Il irradie. « Des femmes de tout âge qui se jettent à l'eau, certaines en tenue de promenade, afin de suivre le corps glorieux qui nage, entouré des gardes du corps en maillot pour le rituel "bain du Duce" », raconte Antonio Scurati dans sa fameuse trilogie *M.* Ce corps, « peu importe qu'il soit musclé, vigoureux, fort, analyse l'écrivain. Ce qui compte, c'est que jamais, dans l'ère moderne, un chef d'État ne s'était montré nu au milieu de son peuple. Face à ce corps dénudé, aucun argument, aucun raisonnement, aucune objection, aucune justice, loi, jurisprudence, aucun appel à la divine providence, à la pitié humaine, à la clémence n'est plus autorisé. Il ne reste plus au peuple qu'à adorer. »

Les médias italiens ne cessent de vanter l'anatomie mussolinienne. Elle est évidemment une pure fabrication ; il suffit pour s'en convaincre d'observer d'anciennes photos du dictateur. Sur l'une d'entre elles, prise en 1923 sur une plage de Levanto, en Ligurie, il apparaît au milieu de sa famille, dans la pose d'un petit bourgeois pépère, portant un maillot de corps trop ample d'où sortent deux jambes grêles. Une silhouette à mille lieues de l'incarnation de « l'Homme nouveau » des années suivantes. Mussolini va peu à peu apparaître en escrimeur, en cavalier, en skieur, en tennisman… et surtout en nageur. En 1934, la revue *Lo Sport fascista* publie ainsi une photo pleine page le présentant en train de sortir des vagues de Riccione avec comme seule légende : « Un athlète : le Duce. » Le journal vante son « torse puissant » et ses « bras athlétiques ». « Il semble fait pour abattre et pour broyer ; et sur cet épanouissement de muscles et de nerfs, sur cette compacité herculéenne qui dépasse notre imagination, parce que nous comprenons que personne ne peut le vaincre, que personne ne peut soutenir la comparaison : c'est un géant parmi les Pygmées. La fascination qu'il exerce sur les foules est également physique [...]. La silhouette de notre condottiere est digne d'une œuvre de Michel Ange : la force menace, mais l'œil sourit. »

Au fil des années, le fascisme balnéaire attire de plus en plus de fanatiques sur la plage. À partir de 1934, l'urbanisme est refaçonné pour rendre l'environnement de la Villa achetée par les Mussolini plus sûr. Déjà, en 1929, la construction du Grand Hôtel avait été accélérée pour fournir un lieu approprié aux réunions politiques du chef du pays. Malgré tous ces investissements, en 1937, le maire devra apposer une affiche qui prévient : « Le Duce est à Riccione. Il est sur notre plage pour se reposer. Son repos doit être respecté (...). Il peut être pénible de contenir son enthousiasme mais le sacrifice est largement compensé par l'idée d'avoir fait quelque chose qui plaise au Patron. »

« Hitler est dingue »

Le dimanche 20 août 1933, lorsque Mussolini et Dollfuss débarquent du voilier sur la plage, ces questions de sécurité ne sont pas encore aussi aiguës. Selon le récit de *Aux écoutes*, les deux hommes déjeunent sur la terrasse de l'hôtel et commencent à rédiger un communiqué commun au dessert. Puis Mussolini propose à Dollfuss une excursion dans son Alfa Roméo, un « Torpédo sport 8 cylindres, à deux places, sans pare-brise, avec lequel il dépasse souvent les 140 km/h ». Il lui fait visiter un château voisin et revient à temps, selon l'hebdo, pour une autre séance de bain, une autre promenade en bateau, et « un débarquement encore plus triomphal ». Le soir, on travaille de nouveau. Le communiqué, finalisé par le gendre de Mussolini, Galeazzo Ciano, par ailleurs son nouveau chef du bureau de presse, est envoyé à l'agence Stefani. Il y constate la convergence des vues entre les deux pays, insiste sur l'importance de « l'indépendance de l'Autriche », mais ne fait aucune allusion directe à l'Allemagne, sauf pour entrouvrir l'idée d'une coopération future avec elle « dès que ce sera possible ». Mussolini ne connaît pas encore Hitler, mais il s'en méfie comme de la peste. Ils se découvriront l'année suivante, à Venise, le 14 juin 1934, lors d'une rencontre qui tourne au désastre. En grand uniforme, l'Italien prend de haut l'Allemand mal fagoté. Hitler se sent humilié et ne recule pas d'un pouce sur sa volonté d'*Anschluss* avec son pays natal, l'Autriche. « Il est dingue », conclura le Duce à l'issue de leur entrevue. Ce sommet de deux egos boursouflés inspirera une fameuse scène du *Dictateur* de Charlie Chaplin.

Après le fiasco de Venise, Mussolini va de nouveau chercher à utiliser les vacances à Riccione pour marquer l'amitié italo-autrichienne. Le 15 juillet 1934, la femme de « Millimetternich », Alwine Dollfuss, et ses deux jeunes enfants débarquent dans la station balnéaire romagnole. Une villa voisine à celle que les Mussolini viennent d'acheter a été mise à leur disposition. Les deux épouses sympathisent pendant plus d'une semaine. Benito Mussolini et Engelbert Dolfuss ont prévu de les rejoindre.

Mais l'opération « Riccione 2 » n'a pas lieu. Quelques jours avant son départ pour la côte romagnole, Dollfuss est assassiné par des militants nationaux-socialistes. Le commanditaire est évidemment Hitler, qui, au passage, prend revanche sur l'humiliation de Venise. Hors de lui,

Mussolini masse des troupes à la frontière, sur le Brenner, ce qui contribue à faire échouer la tentative de putsch à Vienne, prélude à l'annexion rêvée par Berlin. En 1938, devenu le grand allié du Führer, il laissera faire.

À LIRE Andrea Pollarini et Claudio Villa, *Imparare da Riccione*, Maggioli Editore, 2022.

Antonio Scurati, *M. L'enfant du siècle*, Les Arènes, 2020.

Plusieurs articles de presse issus du site Retronews, dont « Aux bains de mer », *Aux écoutes*, 26 août 1933.

LES VACANCES DE L'HISTOIRE

Hitler en ses montagnes

Par Nathalie Funès

Le Führer a passé près d'un tiers de son règne dans son repaire des Alpes bavaroises, le Berghof, véritable base arrière du Troisième Reich, où, de sa terrasse, il a dirigé l'invasion de l'Europe et profité du soleil.

Adolf Hitler découvre Berchtesgaden, un village au cœur des Alpes bavaroises, dans le sud de l'Allemagne, à l'occasion d'une visite à son mentor : Dietrich Eckart, poète et dramaturge ultranationaliste, alcoolique et morphinomane, responsable du périodique antisémite *Auf gut Deutsch* (« En bon Allemand ») et auteur de *Deutschland erwache !* (« Allemagne, réveille-toi ! »), le futur hymne du parti nazi. Nous sommes en 1923, Hitler a trente-quatre ans, c'est un peintre amateur aux ambitions contrariées – qui a raté deux fois les Beaux-Arts – et une nouvelle figure du paysage politique germanique qui a pris la tête du Parti national-socialiste des travailleurs allemands (NSDAP).

Le chef nazi loge à la pension Moritz – où venaient jadis Johannes Brahms, Richard Strauss, Gustav Mahler –, sous le nom de *Herr Wolf* (« Monsieur Loup »). Le village a toujours été apprécié par la haute société, la princesse Marie-Élisabeth de Saxe-Meiningen y avait ses habitudes. Hitler va en faire sa « montagne magique », le lieu de ses « solitudes alpines ». Il y écrit le second volume de *Mein Kampf*. Il finit par louer, à partir de 1928, la « Maison Wachenfeld », propriété d'une dame du même nom, qui a le mérite de figurer parmi ses nombreuses admiratrices. C'est un chalet de bois et de pierre cossu, construit une dizaine d'années plus tôt, mais qui va assez vite se révéler d'un standing trop limité pour un dictateur.

Ascenseur privé, salle de conférences et canons antiaériens

En janvier 1933, Hitler devient chancelier de la république de Weimar ; en mars, il instaure le Troisième Reich ; en juin, il rachète sa résidence de villégiature à Frau Wachenfeld pour 40 000 marks or. Débutent alors des travaux pharaoniques, dont le Führer en personne a dessiné les plans (architecte était, avec peintre, son autre rêve de jeunesse). Tout est payé rubis sur l'ongle par les caisses du Reich. Salle de conférences, nouvelles ailes pour les invités, trente pièces, trois étages, garage, ascenseur privé, terrasse, vitre panoramique coulissante...

Le dictateur veut être tranquille et profiter de la vue sur les somptueux massifs des Alpes bavaroises. Il fait racheter 71 terrains alentour et démolir les maisons qui y sont construites. Le sanatorium disparaît illico presto du paysage. Les propriétaires qui ne se sont pas laissé séduire par les liasses de marks subissent la menace, plus convaincante, d'un internement au camp de Dachau. Il suffit que le chancelier se plaigne de son panorama quelque peu contrarié par une bicoque en contrebas pour qu'elle soit dynamitée le lendemain, dès potron-minet.

Des canons antiaériens, des casernes remplies de SS et de membres dévoués des services de sécurité du Reich, un hôtel pour les serviteurs du parti envahissent le petit village des Alpes bavaroises. Des kilomètres de galeries souterraines, des bunkers géants sont creusés dans la montagne. La Maison Wachenfeld change de dimensions (10 km^2 de terrain, plusieurs centaines d'hectares de terres cultivables) et de nom : elle s'appellera désormais Berghof.

Benito Mussolini et actrices en vue

De la moitié des années 1930 à la fin de la Seconde Guerre mondiale, le Führer va y passer près d'un tiers de son temps. Résidence secondaire, « petite capitale » de l'empire, base arrière du Troisième Reich : Hitler est un adepte du mélange des genres. Il dirige les affaires du pays, l'invasion de l'Europe, l'extermination des juifs depuis ses montagnes… et profite du soleil sur sa terrasse.

Ici, il reçoit les Premiers ministres britanniques Lloyd George et Neville Chamberlain, le duc et la duchesse de Windsor, l'ambassadeur de France André François-Poncet, l'amiral François Darlan, le dictateur italien Benito Mussolini… Des trains spéciaux déversent des foules en liesse. « Les gens qui avaient touché le Führer ne se lavaient plus les mains, ils ramassaient les cailloux sur lesquels il avait marché », se souvient une habitante de Berchtesgaden, qui témoigne dans le documentaire *La Montagne d'Hitler*, de Michael Kloft. Des aréopages de jeunes filles, des actrices en vue, Marion Schönmann, Magda Schneider (la mère de Romy, à qui la rumeur a prêté une liaison avec le chancelier du Reich), viennent profiter de la vue panoramique dans son repaire alpin.

Le Führer aime poser pour son photographe officiel, Heinrich Hoffmann, en marcheur solitaire, au milieu de la nature bavaroise et des animaux. Lors des repas sur la terrasse du Berghof, où Albert Speer et Hermann Göring – qui se sont empressés de se bâtir une résidence secondaire à Berchtesgaden, avec lionceau apprivoisé et piscine pour le second – viennent en voisins, Adolf Hitler se lance dans des monologues interminables qui rasent tout le monde et au cours desquels il finit lui-même, parfois, par s'endormir.

Eva Braun à la caméra

Les agapes et les virées en montagne de la petite communauté du Berghof sont filmées par Eva Braun, la maîtresse officielle, avec sa caméra couleur 16 mm. Quatre heures de bobines entre 1937 et 1944. Hitler se promène dans les massifs ; Hitler prend le bon air alpin avec ses amis sur la terrasse ; Hitler câline une petite fille, blonde comme les blés, assise sur ses genoux ; Hitler joue avec ses chiens… La jeune femme filme aussi le mariage de sa plus jeune sœur, Gretl, avec le SS Hermann Fegelein, officier de liaison de l'état-major. L'homme à la moustache est là, souriant. Il fera fusiller le beau-frère de sa maîtresse dans les derniers jours de la guerre pour désertion.

Eva Braun a succombé à son dieu à l'âge de dix-neuf ans (elle en a vingt-trois de moins que lui), alors qu'elle était l'assistante d'Heinrich Hoffmann, le photographe du leader nazi. Elle s'installe à l'année au Berghof, où elle bénéficie d'une suite personnelle, en 1936, puis en devient l'hôtesse non officielle à partir de 1939. Ce privilège lui donne la possibilité de recevoir les vœux annuels du personnel aux côtés du Führer. Mais elle ne se mariera avec son amant que la veille de leur suicide en duo (arme à feu pour lui, poison pour elle). Pendant vingt-quatre heures, Eva Braun aura réalisé son rêve : s'appeler *Frau Hitler*.

Le Kehlsteinhaus, seul vestige

Au petit matin du 25 avril 1945, quatorze jours avant la fin de la guerre, 400 bombardiers de la Royal Air Force britannique lâchent leurs engins sur le Berghof. À 10 h 58, il ne reste plus grand-chose de la somptueuse demeure. Le Führer n'a pas eu le temps d'y revenir, comme il l'avait prévu. Le 4 mai, quatre jours après le double suicide dans le bunker berlinois, les SS mettent le feu aux ruines de la villa avant de fuir l'avancée des troupes alliées.

Dans les abris et les galeries souterraines, les Américains découvrent les tableaux et les livres de la bibliothèque personnelle du maître des lieux, des salles de bains avec baignoires carrelées, des vins de grand cru, des tonneaux de cognac français, de l'argenterie, de la vaisselle… Tout va être allègrement pillé par les habitants du village. En 1952, pour éviter que l'endroit, déjà tagué de slogans pronazis, devienne un lieu de pèlerinage pour les nostalgiques du Troisième Reich, le gouvernement fédéral allemand détruit les restes de l'édifice.

Aujourd'hui, le Kehlsteinhaus, surnommé le « Nid d'aigle » par les Américains, bâti 800 mètres plus haut que la villa, demeure le seul vestige du Berghof. Construit sur un piton rocheux, près du sommet du Kehlstein, accessible par un ascenseur creusé dans la roche, c'était le cadeau pour les cinquante ans du tyran. Il n'y serait allé qu'une douzaine de fois. Il était sujet au vertige.

À LIRE OU À VOIR

Volker Ulrich, *Adolf Hitler, une biographie*, Gallimard 2017.

Michael Kloft, *La Montagne d'Hitler. Obersalzberg*, documentaire, France 3, 2011.

THE INVASION
OF
ITALY
SICILY
MILES
BRITISH
FROM TRIPOLI

LES VACANCES DE L'HISTOIRE

Churchill et Roosevelt en week-end à Marrakech

Par François Reynaert

En janvier 1943, quelques semaines après le débarquement anglo-américain en Afrique du Nord, le Premier ministre britannique et le président des États-Unis se retrouvent à Casablanca, pour une conférence d'une importance capitale. Ils s'offrent discrètement quelques jours de détente dans la capitale du Sud, que Sir Winston affectionne.

A-t-on le droit de s'offrir un *city-break* quand le monde est à feu et à sang, et que l'on a la charge d'éteindre l'incendie ? Oui, mais il faut pour cela s'appeler Sir Winston Churchill. À la fin de 1942, la guerre est encore loin d'être gagnée, mais les Anglo-Américains ont marqué un point important en réussissant, en novembre, leur débarquement en Afrique du Nord qui a ouvert le « second front » tant espéré par les Soviétiques. Les grands chefs alliés ont donc décidé de se retrouver à Casablanca, courant janvier, pour discuter des prochaines étapes à franchir. Staline, à la fois trop occupé par la bataille de Stalingrad alors en phase terminale (la capitulation allemande est signée le 31 janvier) et trop paranoïaque pour s'éloigner de l'URSS, se fait porter pâle.

Le président Roosevelt et le Premier ministre britannique font le déplacement. Ils se retrouvent, pour une dizaine de jours (du 14 au 24 janvier 1943), entourés de nombre de leurs généraux et conseillers, dans un ancien hôtel reconverti en base américaine à Anfa, quartier chic de la capitale européenne du protectorat. Les discussions y sont âpres et complexes et leurs enjeux décisifs. Il faut déterminer la prochaine cible où frapper, une fois que les Allemands et leurs alliés italiens seront chassés d'Afrique. Roosevelt pense déjà à la Manche – ou éventuellement à la Provence. Churchill cauchemarde à l'idée que ce choc frontal débouche sur une nouvelle interminable guerre de position, comme celle de 1914. Il défend une stratégie périphérique – viser un point excentré et encercler l'ennemi peu à peu – et plaide pour les Balkans. Les deux hommes finissent par s'entendre sur un point médian. On organisera un débarquement en Sicile, prélude à une invasion de l'Italie. Il aura lieu en juillet 1943. Par ailleurs, lors de ces entretiens décisifs, le Britannique accepte de soutenir le but de guerre que s'est fixé l'Américain : pour éviter toute possibilité de paix négociée avec un successeur d'Hitler ou de Hiro-Hito, les Alliés se battront jusqu'à la « capitulation sans condition » (*unconditional surrender*) des Allemands et des Japonais.

Le 24 janvier, après la conférence de presse mettant un point final à la rencontre, le Premier ministre britannique a une dernière et étonnante requête à faire à son ami américain : « Vous n'avez pas fait toute cette route jusqu'à l'Afrique du Nord pour repartir sans avoir vu Marrakech ! Je veux être avec vous quand vous verrez le soleil descendre sur l'Atlas. »

Impayable Winston. Pendant dix jours, il y eut la stratégie, les aiguilles piquées sur des cartes, les tergiversations, les tensions, les décisions. Pendant dix jours, il y eut sur la table le sort de millions de soldats et de cent fois plus de civils. Après cela, il y a aussi la vie, le bonheur et les reflets de pourpre et d'or d'un crépuscule sur la place Jemaa el-Fna.

Villa de luxe et pique-nique

Toute sa vie, Churchill a été un jouisseur. On le sait amateur de bonne chère et buveur au-delà de la raison, mais toujours de grands crus, surtout des champagnes : « Je ne pourrais pas vivre sans. Dans la victoire, je le mérite. Dans la défaite, j'en ai besoin. » Il adorait aussi les voyages, à condition de les passer dans les endroits les plus luxueux et, si possible, au soleil. Il devait y avoir du Méditerranéen chez ce Britannique. En 1935, il a ainsi passé toute la fin de l'année à La Mamounia, le palace ouvert une décennie plus tôt, et découvert la vieille capitale impériale du Maroc. Il a aimé tout ce qu'elle avait à offrir : « La vie joyeuse de la grande ville avec ses diseuses de bonne aventure, ses charmeurs de serpents, ses monceaux de nourritures et de boissons et dans l'ensemble, les bordels les plus vastes et les mieux organisés du continent africain. »

On ignore s'il les a essayés lui-même ou s'il a suggéré à Roosevelt de le faire. Le fait est que, contre toute attente, l'Américain accepte la virée.

Les deux font donc les cinq heures de route qui séparent Casa de la « porte du Sud », dans ce qui dut former un bien étrange convoi et donner de sérieuses migraines aux militaires chargés d'en assurer la sécurité. On sait que le cortège s'est arrêté en route pour pique-niquer. On n'ose imaginer la tête d'un paysan marocain découvrant par hasard les deux hommes les plus puissants du monde occidental se partager des galettes, du fromage et des olives sur une nappe à carreaux posée sous les eucalyptus du bout de son champ.

Churchill n'a pas voulu, ou pas pu, faire son présidentiel bivouac dans sa chère Mamounia – même en temps de guerre, il ne doit pas être facile de privatiser un palace. Il choisit de loger son monde dans une somptueuse villa Art déco appartenant aux Taylor, riches Américains de ses amis. Elle comporte une tour, d'où le panorama est splendide – en tout cas il l'était, depuis, on a un peu trop bâti à l'entour. Roosevelt, frappé par une maladie paralysante dans les années 1920, ne se déplace pratiquement plus qu'en chaise roulante. Il faut donc que deux hommes le portent jusque dans la pièce du haut. On l'y dépose dans un moelleux sofa d'où il peut jouir de la vue qui plaît tant à sir Winston. Le président se montre ravi de l'aventure : « Je me sens comme un sultan, glisse-t-il à son hôte, vous pourriez venir et me baiser la main, mon cher. » Le soir, ils dînent. Le lendemain, l'Américain regagne Washington et ses hautes tâches.

Churchill s'offre un jour de repos supplémentaire. Fou de peinture depuis longtemps, il veut peindre dans tous les endroits qu'il juge *paintatious* (« peignables »), comme il l'exprime par un de ces néologismes dont il a fait cadeau à la langue anglaise. À ses yeux, la cité rouge l'est plus que toute autre. Depuis le sommet de la villa

Taylor, il compose *La Tour de la mosquée Koutoubia*, sa seule œuvre de la période de la guerre. Le lendemain, il repart pour une de ses tournées épuisantes qui rythment son agenda : visite aux forces en Égypte, puis passage par la Turquie pour essayer – en vain – d'entraîner le président Inönü dans la guerre à ses côtés, retour en Égypte, puis la Libye, pour voir les troupes anglaises victorieuses entrer à Tripoli, en février 1943. Il en ressort avec une pneumonie qu'il soigne aux sulfamides et, selon son habitude, au whisky.

Le cas de Gaulle

Bien sûr, derrière le plaisir de l'escapade, il y a de la diplomatie. Churchill a un besoin vital de Roosevelt. Depuis 1939, il est obsédé – à raison – par l'idée que seuls les États-Unis peuvent faire basculer le sort des armes. Depuis qu'ils sont entrés en guerre, en décembre 1941, après Pearl Harbor, il veut être certain qu'ils livreront à son pays, alors exsangue, l'aide nécessaire à la poursuite du combat. La parenthèse marrakchie est, pour partie, une grande opération de charme politique. Elle n'est pas que cela. Le Britannique a une estime profonde pour Roosevelt. Il admire l'homme qui a su surmonter son infirmité pour aller au plus haut de lui-même. Il apprécie sa joie de vivre et ce sens de l'humour qu'il partage. Il est bien d'autres alliés à qui le Premier ministre n'aurait sans doute jamais proposé un tel moment d'intimité.

Le président américain n'est pas le seul chef d'État présent à la conférence de Casablanca. On y a aperçu aussi Mohammed V, le sultan du Maroc, puissance invitante en titre. Mais son statut de monarque « protégé » – son pays est un protectorat français depuis 1912 – avait réduit sa présence à un rôle protocolaire et symbolique. Précisément, étaient également présents à côté de lui les chefs en titre de la puissance protectrice. Il y en avait même deux, c'était le problème. Depuis le débarquement anglo-saxon en Afrique du Nord, la question de savoir qui devait y détenir l'autorité gouvernementale française n'avait cessé de se complexifier.

Les Américains avaient d'abord misé sur Darlan, un amiral vichyste arrivé à la hâte à Alger. Il avait été assassiné la veille de Noël par un militant royalisto-gaulliste qui ne voulait pas d'un ex-collabo à la tête de l'Algérie. Fallait-il dès lors s'appuyer sur de Gaulle ? Roosevelt, qui le tenait pour une graine de putschiste, n'en voulait à aucun prix. Les Américains lui avaient donc mis dans les pattes le général Giraud, une baderne sans consistance qui, curieusement, leur paraissait l'homme du moment. Churchill soutenait de Gaulle depuis ses débuts à Londres, mais il s'en méfiait aussi. C'est même pour cette raison qu'il avait poussé à la solution du duo, estimant sans doute que les deux généraux, aussi sourcilleux l'un que l'autre, se neutraliseraient. Dans l'excellente biographie qu'il a consacrée à l'homme d'État britannique, l'historien Andrew Roberts cite le télégramme secret envoyé à Roosevelt à ce propos : « Je ne lui porte pas plus d'amour que vous, mais je préfère le voir dans le comité[1] plutôt

1. C'est-à-dire le comité des Français libres siégeant à Alger.

que se pavaner comme un mélange de Jeanne d'Arc et de Clemenceau. »

Un des buts secondaires de la conférence marocaine était donc de forcer les deux rivaux à accepter publiquement de constituer un « duumvirat » et de se serrer la main devant les photographes. Ils y tenaient tellement peu qu'il fallut les faire poser plusieurs fois pour y arriver. Et le montage de l'opération se fit dans une tension constante. La raideur de De Gaulle, sa susceptibilité à fleur de peau exaspéraient Churchill, sensible au fair-play, à la rondeur et à l'humour. Si l'on en croit la très sérieuse International Churchill Society, c'est lors d'une réunion à Casablanca entre le chef de la France libre et le Premier ministre britannique que le second, à bout de nerfs, lança au premier, dans la langue de Molière et Pierre Dac, une invective restée fameuse : « Si vous m'obstaclerez, je vous liquiderai. »

« J'ai appris assez d'anglais pour comprendre le français de Churchill », devait dire plus tard de Gaulle. C'est vrai, Sir Winston finit par l'inviter à Marrakech, lui aussi, mais bien plus tard, dans d'autres circonstances et dans un autre climat. En janvier 1944, le vieux lion était retourné à la Villa Taylor pour soigner une nouvelle attaque pulmonaire. Si le Général vint l'y rejoindre, ce ne fut que pour un bref déjeuner assez froid, que l'ombrageux Français avait remis plusieurs fois pour des motifs divers – il lui en fallait peu pour se braquer. Cela n'eut rien à voir avec la parenthèse enchantée anglo-américaine.

Retour à Marrakech après la guerre

De tout le conflit, il n'y en eut d'ailleurs pas beaucoup d'autres. En novembre 1943, les chefs anglais et américain se retrouvent au Caire, pour y attendre leur allié chinois, le généralissime président Tchang Kaï-chek. Tout juste, nous raconte encore Andrew Roberts, trouvent-ils un petit moment pour aller contempler les Pyramides et le Sphinx. « Je voulais voir les deux plus grands bavards du monde devant le plus muet », plaisantera Winston.

Après, ils filent à Téhéran, pour la première rencontre entre l'Américain et Staline, secret et matois, qui joue le chaleureux et trouve drôle, en fin de dîner, de plaisanter sur le nombre d'officiers allemands qu'il fera exécuter sans jugement après-guerre. On y met aussi au point le débarquement en Normandie, les bases de l'ONU et la future division de l'Allemagne.

En janvier 1945, il y a Yalta, en Crimée, punaises dans tous les lits et micros planqués dans tous les murs. Avant de repartir, Churchill veut sa petite escapade, mais elle est cette fois simplement patriotique : il exige de voir le champ de bataille de la Balaklava, où eut lieu, en 1854, pendant la guerre de Crimée, l'héroïque et suicidaire « charge de la brigade légère », épisode culte de l'histoire militaire britannique.

En juillet 1945, enfin, il y a Potsdam, moment un peu particulier. Battu aux élections juste avant la conférence, le vieux lion, qui la commence, y est remplacé à mi-parcours par son successeur le travailliste Attlee. Il peut se consacrer à des vacances autrement plus longues. Nouveaux voyages, nouvelles villégiatures à Madère, sur la Riviera française, chez de riches amis ou sur leurs beaux yachts (dont celui d'Onassis).

Par deux fois, Churchill retourne à Marrakech. Une première en 1947, où il débarque pour des semaines à La Mamounia avec toute une smala d'amis, de domestiques, de secrétaires et de malles cabines, aux frais de l'éditeur américain qui lui a signé le contrat de ses Mémoires – l'éditeur en question n'eut pas à se plaindre du marché, le livre s'est vendu à millions. Une autre fois en 1959, à la toute fin de sa vie, au temps où son propre soleil se couche. La même année, une exposition des œuvres de l'illustre barbouilleur présentée à la Royal Academy a attiré deux fois plus de monde que celle sur les dessins de Léonard de Vinci qui s'y tenait l'année précédente. *La Tour de la mosquée Koutoubia* n'y était pas. Sitôt qu'il l'eut terminée, Churchill en avait fait cadeau à Roosevelt, en souvenir de leur petit moment volé. Le fils du président en a hérité, puis l'œuvre est passée aux mains de divers collectionneurs. Aux dernières nouvelles, elle appartenait à l'actrice Angelina Jolie.

À LIRE Andrew Roberts, *Churchill*, Perrin, 2020.

LES VACANCES DE L'HISTOIRE

Le grand bain en avant du Président Mao

Par Rémi Noyon

Amateur de natation, le chef d'État chinois jette son dévolu, dans les années 1950, sur la station balnéaire de Beidaihe, située à l'est de Pékin. Cet ancien lieu de villégiature pour Occidentaux devient ainsi d'année en année un lieu de rencontre estival pour les hiérarques du Parti communiste chinois

« Parfait ! Allons à la mer ; la marée haute du socialisme va déferler sur la Chine… » C'est ainsi que se manifeste l'enthousiasme du Grand Timonier quand on lui propose, en 1955, de fuir la canicule en se réfugiant à Beidaihe. Les photographies de ses plaisirs balnéaires à l'est de Pékin feront le tour du monde : on le voit tantôt accroupi sur le sable, sous un barnum battu par le vent, tantôt dans l'eau entouré de baigneuses engoncées dans des bouées rondes, tantôt en train de se réchauffer dans un peignoir, bavardant avec Zhou Enlai, son ministre des Affaires étrangères. Bien sûr, tout cela respire la pose et la propagande, mais ces clichés marquent le début d'une légende ; l'endroit restera, jusqu'à aujourd'hui, l'un des lieux importants du régime chinois. Chaque été, les hiérarques s'y délocalisent pour des séances de travail où se nouent les alliances, où se préparent les grandes politiques. Encore en 2022, les voitures Tesla seront interdites en ville pendant l'été, Xi Jinping craignant qu'elles puissent servir d'outil d'espionnage…

Rien ne prédisposait pourtant cette station balnéaire à devenir le rendez-vous des caciques communistes. Au début du XIXe siècle, l'endroit n'abrite encore qu'un village de pêcheurs. En 1893, un ingénieur britannique, engagé dans la construction ferroviaire, remarque ces longues plages de sable et la réputation de ce coin de littoral se répand parmi les Occidentaux admis dans la Chine impériale, à tel point que, cinq ans plus tard, l'empereur Guangxu déclare la ville ouverte aux étrangers : les opérations immobilières se multiplient et les touristes affluent, attirés par les sanatoriums et la beauté des paysages. En 1948, les communistes entrent dans Beidaihe et récupèrent les infrastructures naissantes pour y héberger des blessés et des vétérans de guerre. C'est le modèle des vacances obligatoires, inspiré du soviétisme : sont récompensés les travailleurs ou les cadres particulièrement méritants, ou ceux qui sont proches du pouvoir. Zhu De, considéré comme le fondateur de l'Armée rouge, fera ainsi ses premiers séjours à Beidaihe en 1949. Quatre ans plus tard, les communistes décident même d'y installer leur « bureau d'été », malgré le rappel colonial que leur inflige la vue des villas européennes. D'ailleurs, comme le note l'historienne Shuk-wah Poon, « le besoin psychologique de se rendre au bord de l'eau pour échapper à la chaleur estivale, devenue insupportable en ville, est le résultat de l'influence de la culture occidentale ».

« Allons nager ! »

C'est Mao – dont l'amour de la nage est mis en avant dans la propagande – qui forgera la gloire de Beidaihe. Son médecin (Li Zhisui) et l'un de ses gardes du corps (Li Yinqiao) ont notamment narré le souvenir d'une terrible tempête qui frappa les côtes chinoises en juillet 1955, au cours de laquelle le président du Parti communiste faillit disparaître. Le dirigeant chinois réside alors dans un « petit bungalow sans étage, à l'ombre d'un bois de peupliers ». Il est resté éveillé toute la nuit, suscitant l'émerveillement de son garde du corps. Ce dernier écrit que, quand il était « en pleine effervescence intellectuelle », le dirigeant chinois pouvait rester assis « jour et nuit sans s'arrêter, son pinceau paraissait voler sur sa feuille », et quand son impulsion ne « parvenait plus à s'épancher », alors il se levait « et se précipitait vers la mer pour se battre contre les flots ». C'est précisément ce qui arrive ce jour de tempête. « Allons nager ! » s'exclame soudain Mao. Le garde du corps est interloqué : le vent est vif, la mer houleuse. Mais on connaît les fortes têtes, elles refusent de se laisser dompter par les éléments. Mao veut aller nager, il nagera. Il titille son garde du corps : « N'est-ce pas un temps idéal ? Tu n'es pas une fille à qui on a bandé les pieds ! Tu as peur d'être renversé par le vent ou quoi ? »

Ce petit jeu dure un moment, jusqu'à ce que, vers 10 heures du matin, Mao fasse valoir sa volonté. Les gardes sont très inquiets. Ils se mordent les doigts en regardant les vagues. « Face à l'océan, je fus pris d'un frisson d'angoisse, l'eau sombre ondulait et roulait avec fracas », rapporte Li Yinqiao. Mao et quelques hommes s'élancent dans les flots et sont aussitôt pris dans un ressac. Crachant le sable qu'il a dans la bouche, le Grand Timonier désigne la mer Jaune et s'exclame avec une pointe d'admiration : « C'est une digne rivale. » Sur le rivage, la cour se lamente. On prévient les dignitaires, on alerte le médecin. De retour sur le rivage, Mao s'emporte contre tous ceux qui ont douté de lui : « Espèces de crétins ! Vous savez très bien que je suis capable de nager dans la tempête. » Les inquiétudes de ses accompagnateurs n'étaient pourtant pas absurdes : dix ans plus tard, dans des circonstances similaires, l'Australie perdra son Premier ministre Harold Holt, parti nager au large de Cheviot Beach, dans le Victoria (on ne l'a toujours pas retrouvé).

Soirées dansantes et décisions stratégiques

Voilà la réputation de l'endroit faite. Chaque année, désormais, les cadres du parti se rendront à Beidaihe. « Je me souviendrai longtemps de cette scène : un train se dirigeant vers la mer, et le vent me souffle les cheveux dans les yeux, le nez et la bouche », écrira la fille d'un général. Au dire de ceux qui en ont fréquenté les complexes hôteliers, cette Riviera asiatique est un poil austère : « Les installations ne sont pas luxueuses mais très simples. Elles ressemblent davantage à des chambres d'hôtel à l'ancienne, assure Sun Zhisheng, qui a été directeur d'une Société historique et culturelle locale. Outre la natation, les activités de divertissement de l'époque de Mao comprenaient des soirées dansantes ou la projection de films et d'opéras. » Devenue une ville stratégique, Beidaihe sera le théâtre de plusieurs épisodes importants de l'histoire chinoise. C'est de ses villas que sera lancée la campagne anti-droitiste de 1957. C'est aussi là qu'aura lieu la tristement célèbre Conférence de Beidaihe au mois d'août 1958 : toujours en lutte contre les nationalistes réfugiés à Taïwan, et soucieux de défier les Américains, Mao décide du bombardement de Kinmen, une île contrôlée par le Kuomintang, au risque de déclencher une guerre. Lors de cette même conférence, Mao, que l'on aperçoit parfois en peignoir, peaufine le « Grand Bond en avant », appuyé sur la collectivisation de l'agriculture et des travaux publics gigantesques : « Son ignorance en matière scientifique était stupéfiante et il faisait preuve depuis des années d'une sorte de confiance quasi fétichiste envers les théories fantaisistes fondées sur des expériences truquées de Lyssenko et de Mitchourine[1], notent Alain Roux et Xiaohong Xiao-Planes dans *Histoire de la République populaire de Chine*. Le Bureau politique élargi de Beidaihe fut une sorte de grand-messe maoïste où tous les intervenants jouèrent des coudes pour s'embarquer sur la nef des fous que barrait le Grand Timonier. »

1. Scientifiques fantaisistes portés aux nues par Staline.

Mais l'épisode le plus fameux fut la fuite de Lin Biao, en 1971. Dignitaire du régime, proche de Mao, compilateur du célèbre *Petit Livre rouge*, le ministre de la Défense nationale avait été à la manœuvre dans toutes les purges. Pourtant, il finit par indisposer Mao dans de complexes intrigues de régime : l'histoire officielle veut qu'il se soit entêté dans une veine « ultra-gauchiste », refusant la réconciliation avec les États-Unis matérialisée en 1972 par la venue de Nixon. Ayant envisagé un coup d'État, il aurait été dénoncé par sa propre fille. Lin Biao se trouve dans sa villa de Beidaihe quand il doit prendre la fuite. Poursuivi, il parvient à atteindre l'aéroport et à décoller. Son avion s'écrase en Mongolie, sans laisser de survivants. Lin était une personnalité étrange, dont la mémoire fut assombrie par la propagande. On raconte qu'il craignait le soleil, que sa villa était donc équipée d'épais volets en bois et que les rideaux étaient tirés toute la journée…

Après la mort de Mao, la tradition du « bureau d'été » à Beidaihe se poursuivra officiellement jusqu'en 2003, avec deux suspensions : pendant la Révolution culturelle, entre 1966 et 1976, et au tournant des années 1980, quand le gouvernement prit la décision d'y développer le tourisme. Au début des années 2000, l'épidémie de SARS et la volonté de Hu Jintao d'afficher une forme de frugalité mettent fin à cette pratique, qui se poursuivra tout de même de manière moins officielle sous la présidence de Xi Jinping. Sorte de Camp David chinois, la station balnéaire voit défiler les berlines noires, les officiers de sécurité, et de temps en temps les journalistes étrangers qui ne peuvent que raconter leur frustration : presque rien ne filtre de ces discussions. Ainsi, Beidaihe reste fidèle à sa notoriété établie par ces vers du président Mao, désormais gravés sur sa statue qui orne le bord de mer : « Un orage s'abat sur cette terre du Nord/ Les brisants blancs bondissent vers le ciel/ Nul bateau de pêcheur au large de Qinhuangdao/ N'est en vue sur l'océan sans limites/ Où sont-ils allés ? »

À LIRE Li Zhisui, *La Vie privée du Président Mao. Mémoires du médecin personnel de Mao*, Plon, 1994.

Alain Roux et Xiaohong Xiao-Planes, *Histoire de la République populaire de Chine*, Armand Colin, 2018.

Jung Chang et Jon Halliday, *Mao. L'histoire inconnue*, Gallimard, 2006.

Yin qiao Li, Yan chi Quan, *Mao intime, le chef de ses gardes du corps raconte*, Le Rocher, 1991.

He Na, « Historic Sands of Time », *China Daily*, 26 août 2014.

Shuk-wah Poon, « The City and the Seaside : Constructing Leisure Culture and Space at Beidaihe, 1890s-1930s », *Bulletin of the Institute of Modern History*, mars 2017.

LES VACANCES DE L'HISTOIRE

Dernier été à Cape Cod

Par Sarah Halifa-Legrand

Dès qu'il le peut, John Fitzgerald Kennedy rejoint Hyannis Port, un petit village sur les rives de l'Atlantique, où le clan familial passe ses vacances depuis les années 1920. C'est là qu'il met en scène son bonheur glamour. Là aussi qu'il passe une partie de la belle saison de 1963, entre crises diverses et drames personnels. En novembre, il est assassiné…

L'océan. C'est une passion, un réconfort, un sanctuaire. Dès qu'il en a l'occasion, John Fitzgerald Kennedy s'éclipse de la Maison-Blanche pour se réfugier, hors du temps, sur les rives de l'Atlantique, dans la villa familiale de Hyannis Port, un village battu par les vents sur la presqu'île de Cape Cod, dans le Massachusetts. « Je vais toujours à Hyannis Port pour me ressourcer, a-t-il un jour confié, pour connaître à nouveau la puissance de la mer et le maître qui la gouverne et qui nous gouverne tous. »

En ce début d'été 1963, l'Air Force One présidentiel atterrit de nouveau sur le tarmac de la base aérienne d'Otis. Le 35e président des États-Unis grimpe aussitôt dans l'hélicoptère militaire qui l'attend pour le conduire jusqu'à son petit paradis. À peine a-t-il posé le pied au sol que Caroline, cinq ans, et John Jr, alias « John-John », deux ans, se jettent à son cou, au milieu d'une nuée de cousins blondinets en robes blanches et salopettes. Dans son sourire se lit la joie pure de les revoir. Derrière, Jackie s'avance, le ventre arrondi sous sa robe rose, retenant de sa main le foulard noué sur sa tête qui claque comme une voile au vent. Le couple le plus glamour des sixties attend son troisième enfant. La petite troupe s'empile dans la Lincoln Continental crème, la Limo décapotable des vacances. Lui au volant, elle à ses côtés, les grappes de gamins sur la banquette arrière. Image d'Épinal de l'été idéal. Les photos et films 8 mm pris par le photographe de la Maison-Blanche Cecil Stoughton ont fait entrer dans la légende ce dernier été du « roi de Camelot », comme son épouse avait surnommé post-mortem son mandat inachevé, en référence au temps idyllique du roi Arthur. Des ultimes mois de juin, juillet et août 1963, avant son assassinat le 22 novembre à Dallas, rythmés par les jeux d'enfants, les sorties en yacht, le vent et, bien sûr, l'océan.

D'habitude, le président s'installe dans « la Maison-Blanche d'été », une bâtisse de style Shingle (une architecture typique du Nord-Est américain en bardeaux, aux formes asymétriques et aux nombreuses fenêtres), achetée en 1956, à l'intérieur du complexe familial du clan Kennedy, dans le village qui surplombe l'immense bras de mer du Nantucket Sound. C'est dans la résidence principale acquise en 1928 par son père, Joseph, producteur de cinéma, affairiste et ambassadeur, et sa mère, Rose, qu'enfant il a passé le plus clair de ses vacances parmi ses huit frères et sœurs. « Cette maison a été le refuge, les murs derrière lesquels la famille a pleuré, ri, respiré », écrit la journaliste Kate Storey. Au fil des ans, les rejetons du patriarche ont un à un acheté les résidences environnantes pour créer un vaste domaine qui s'étend sur 2,4 hectares, avec une vue imprenable sur l'Atlantique. Après l'élection de JFK à la présidence en 1960, le secteur est devenu *the place to be* de la bourgeoisie libérale de la côte est.

Coquillages et droits civiques

Ce n'est pas seulement là que Kennedy a appris à aimer l'océan. C'est là aussi qu'il a lancé sa campagne présidentielle. Il a fait de la mise en scène de ses étés à Cape Cod une rampe de lancement politique. Seul Franklin Roosevelt avait su, avant lui, intégrer ses vacances sur l'île de Campobello, au Canada, dans le récit officiel. Kennedy pousse l'exercice beaucoup plus loin. Le plus jeune président de l'histoire américaine, qui incarne l'espoir dans un pays miné par la ségrégation raciale et englué dans la guerre froide, dépoussière la fonction présidentielle. En exploitant l'essor de la télévision et en publiant des clichés de bonheur familial à la plage, de jeune premier au teint hâlé et d'épouse en icône glamour, dans les magazines *Life* ou *Look*, le couple Kennedy transforme la communication politique en scénario hollywoodien. Résultat, tout le monde veut voir ce pays de Cocagne. Mais à l'été 1963, les services secrets s'inquiètent de la proximité du complexe Kennedy avec ses voisins qui ne ratent pas une miette du ballet des hélicoptères, des allées et venues des yachts mouillant devant la maison et de la voiturette de golf qui, inlassablement, monte et descend de la plage. JFK pose alors ses valises dans la Brambletyde House, un manoir isolé donnant sur le Nantucket Sound, sur Squaw Island, à un jet de pierre du reste de la tribu.

L'été ne s'annonce pas de tout repos. Le président a dépêché, le 11 juin, des *marshals* de la police fédérale pour assurer l'admission de deux étudiants noirs à l'université de l'Alabama, contre l'avis du gouverneur de l'État, George Wallace. Le soir même, il a exhorté le Congrès à adopter une loi fédérale interdisant la ségrégation dans un discours remarquable retransmis à la télévision. « Nous sommes confrontés avant tout à une question morale, a-t-il déclaré. Elle est aussi ancienne que les Écritures et aussi claire que la Constitution américaine. Le cœur de la question est de savoir si tous les Américains doivent bénéficier de l'égalité des droits et des chances. Allons-nous traiter nos concitoyens comme nous voulons être traités ? » La question de la dé-ségrégation raciale enflamme l'Amérique. Dans les jours qui suivent, une délégation de la lutte pour les droits civiques vient lui parler d'un projet de manifestation pacifique pour accentuer la pression sur le Congrès. Il est inquiet. « Il n'aimait pas l'idée d'une marche sur Washington. Il n'arrêtait pas de dire que si l'on amenait tous ces gens dans la capitale, il y aurait de la violence, du chaos et du désordre, et que nous n'obtiendrions jamais une loi sur les droits civiques au Congrès », racontera en 2013 un des leaders du mouvement, John Lewis, du Student Nonviolent Coordinating Committee (SNCC). Deux mois plus tard, le 28 août, le président s'arrache à regret du ronronnement des vagues et des rires des enfants pour assister à la Marche sur Washington pour l'emploi et la liberté qui rassemble 250 000 personnes. Impressionné par la foule monstre et le discours de Martin

Luther King, le fameux *I Have a Dream*, il reçoit à nouveau les organisateurs à la Maison-Blanche. « Il était tout simplement incroyable. Il souriait. Il était comme un père fier. Il n'arrêtait pas de dire : "Vous avez fait du bon travail" », relatera encore John Lewis. Entre les deux séquences, Kennedy prononce le 26 juin un autre discours historique, cette fois en Allemagne, devant un million de personnes rassemblées devant l'hôtel de ville de Berlin-Ouest. « *Ich bin ein Berliner* », proclame-t-il en solidarité avec une ville divisée depuis deux ans par un mur.

Sur le pont

C'est le même homme que l'on aperçoit quelques jours plus tard au volant de sa voiturette de golf Toro, aux côtés de Jackie, trimballant une ribambelle d'enfants en maillot de bain sur un ponton en bois. Drôle d'image, le président de la première puissance mondiale dans ce pot de yaourt. Terminus, tout le monde descend au débarcadère. L'océan les attend. Jackie, tout de jaune vêtue, robe et chapeau à large bord, lui tout de blanc, pantalon chino et polo, Ray-Ban sur la tête, mocassins en cuir aux pieds, sautent sur le pont du *Honey Fitz*, le yacht que ce dernier a rebaptisé en l'honneur de son grand-père maternel, John Francis Fitzgerald, alias « Honey Fitz », ancien membre du Congrès et maire de Boston. Sur son yacht fendant les eaux, la rumeur de l'Histoire se perd dans le roulis de la houle. Confortablement installé dans son fauteuil de metteur en scène, chemise ouverte, pieds nus, yeux plissés et cigare aux lèvres, il s'absorbe dans la lecture de

The Boston, le quotidien local. La petite Caroline, lovée sur ses genoux, lui pince le nez. Il lâche son journal. Allez, viens. Il plonge du pont. La fillette saute à son tour. Ils s'amusent comme deux enfants à se poursuivre dans l'eau. Il est dans son élément. « Nous sommes liés à l'océan, a fait remarquer un jour Kennedy, et lorsque nous retournons à la mer, que ce soit pour naviguer ou pour observer, nous retournons d'où nous venons. »

Naviguer. C'est ce que l'ancien commandant de torpilleur de l'US Navy préfère par-dessus tout. Cet été 1963, il arpente le Nantucket Sound et pousse jusqu'à l'île de Martha's Vineyard, entouré de son clan : amis proches, belle-sœur, frères et sœurs, nièces et neveux… Il y a toujours du monde à bord. Sur le pont, on mange des glaces sous le soleil, et quand ça se rafraîchit, on se réchauffe au daïquiri, son cocktail de prédilection. JFK en a eu, des bateaux. Le premier, ce fut le *Victura*, que son père lui a offert en 1932 pour ses quinze ans. Il y a eu aussi le *Star Class Flash II*, avec lequel il a multiplié les régates de 1934 à 1941 en compagnie de son frère aîné Joseph Patrick. Puis le bateau présidentiel *USS Sequoia* et le *Marlin*, un croiseur de 52 pieds acquis par son père, et bien sûr le bien-aimé *Honey Fitz*, redécoré par Jackie, qui y a installé une télévision couleur. « La voile m'a offert certains des moments les plus agréables et les plus passionnants de ma vie. Elle m'a également appris quelque chose sur le courage, l'ingéniosité et la force des hommes qui sillonnent les mers à bord de navires », écrit Kennedy dans une de ses lettres. Toute l'année, il n'attend que ça. Il griffonne des voiliers sur les cartes de visite, ses carnets de notes, les menus de restaurants, partout…

Drame à la base d'Otis

À terre, l'été est rythmé par les sessions de golf au club local, les parties de *touch football* (un sport dérivé du rugby où les contacts violents sont interdits), les allers-retours au centre équestre où Caroline s'initie au poney, les visites des amis et, parfois, d'invités politiques, la messe dominicale à la St. Francis Xavier Church – la « Kennedy Church », comme l'appellent les locaux tant les membres du clan y sont assidus. Ce 5 août, polo bleu, chino beige fouettant ses jambes comme une voile repliée autour de son mât, cheveux au vent, il joue quelques trous sur la pelouse rase en compagnie de Paul B. Fay Jr, un ami depuis qu'ils ont tous deux commandé des torpilleurs pendant la Seconde Guerre mondiale, devenu son sous-secrétaire d'État à la Marine. La nouvelle tombe : le traité d'interdiction partielle des essais nucléaires vient d'être signé par l'URSS, après huit ans de négociations. Ainsi vont les vacances, oscillant comme un pendule entre les affaires du monde et la vie privée.

JFK est de retour à la Maison-Blanche quand, deux jours plus tard, sa secrétaire, Evelyn Lincoln, se précipite dans le bureau Ovale, à 11 h 43 du matin : Jackie vient de rejoindre l'hôpital de la base aérienne d'Otis pour y accoucher prématurément de leur bébé. Kennedy saute dans l'Air Force One en direction de son cher Cape Cod. Hélas, la joie est de courte durée. Patrick Bouvier Kennedy ne vivra que trente-neuf heures. Atteint d'une maladie pulmonaire, il s'éteint dans les bras de son père. « Il s'est bien battu, murmure le président. C'était un beau bébé. » Kennedy ne montre pas facilement ses émotions. Mais, dans les jours qui suivent la mort du petit Patrick, on le voit pleurer à trois reprises : après la mort du nouveau-né ; quand il annonce la terrible nouvelle à sa femme alitée ; et lors des funérailles célébrées le 10 août dans la chapelle du cardinal Richard Cushing à Boston. « Il a littéralement mis son bras autour du cercueil », raconte le prélat aux médias. Ce drame intime rouvre les plaies du premier bébé perdu, une fille mort-née en 1956. La famille se retire dans son refuge atlantique pour épancher son chagrin. Sur la terrasse de la Brambletyde House, ils se consolent sur des chaises longues, Jackie toujours dans sa robe rose, lui continuant de gérer les affaires politiques au téléphone, tandis que les enfants jouent avec une ribambelle de chiens. Il aimait leur compagnie malgré son allergie aux poils canins. Il disait d'eux que leur amitié avait de quoi faire honte aux humains. Son préféré était Charlie, un Welsh terrier offert par sa femme lors de sa campagne présidentielle.

Avant que l'été s'achève, il lui faut voir son père, Joseph P. Kennedy, âgé de soixante-quinze ans. Le président embarque John Jr et Caroline dans sa Limo pour la visite. Affaibli par un AVC, le patriarche l'attend dans une chaise roulante sur le balcon de sa résidence balnéaire. Kennedy s'approche, lui dépose un baiser sur le sommet du crâne, le regard perdu sur l'horizon. Il sent que le vieil homme est de plus en plus fragile et qu'il pourrait bientôt le perdre. Il n'imagine pas que l'inverse va se produire. Début septembre, il est encore sur Squaw Island, sur la pelouse devant la Brambletyde

House, assis dans un fauteuil en osier. Face à lui, le présentateur de CBS News, Walter Cronkrite. Devant eux, le soleil et l'océan. Kennedy est sur ses terres, détendu. Sur la guerre au Vietnam, il se montre toujours aussi sceptique, sans appeler cependant à retirer les troupes américaines : « C'est leur guerre. Ce sont eux qui vont la gagner ou la perdre. Nous pouvons les aider […], mais c'est à eux de gagner, le peuple vietnamien, contre les communistes. » Sur sa candidature à sa réélection, il laisse la porte ouverte : « Je pense que nous devrons attendre et voir dans un an et demi. Un an maintenant. Ce n'est pas si long. » Ce fut bien plus court. Trois mois plus tard, le président Kennedy choisit de lancer sa campagne en effectuant une tournée électorale au Texas. Le 22 novembre, à 12 h 30, alors que le couple présidentiel circule dans Dallas à bord d'une limousine noire décapotable, des coups de feu retentissent. John Fitzgerald Kennedy s'effondre, couvert de sang, sous les yeux pétrifiés de la foule venue saluer le cortège. La veille de son assassinat, il avait dessiné sur une feuille du Rice Hotel, à Houston, sa dernière esquisse de voilier.

À LIRE Archives du John Fitzgerald Kennedy Presidential Library and Museum.

Kate Storey, *White House by the Sea : A Century of the Kennedy at Hyannis Port*, Scribner, 2023.

Archives du *Cape Cod Times*.

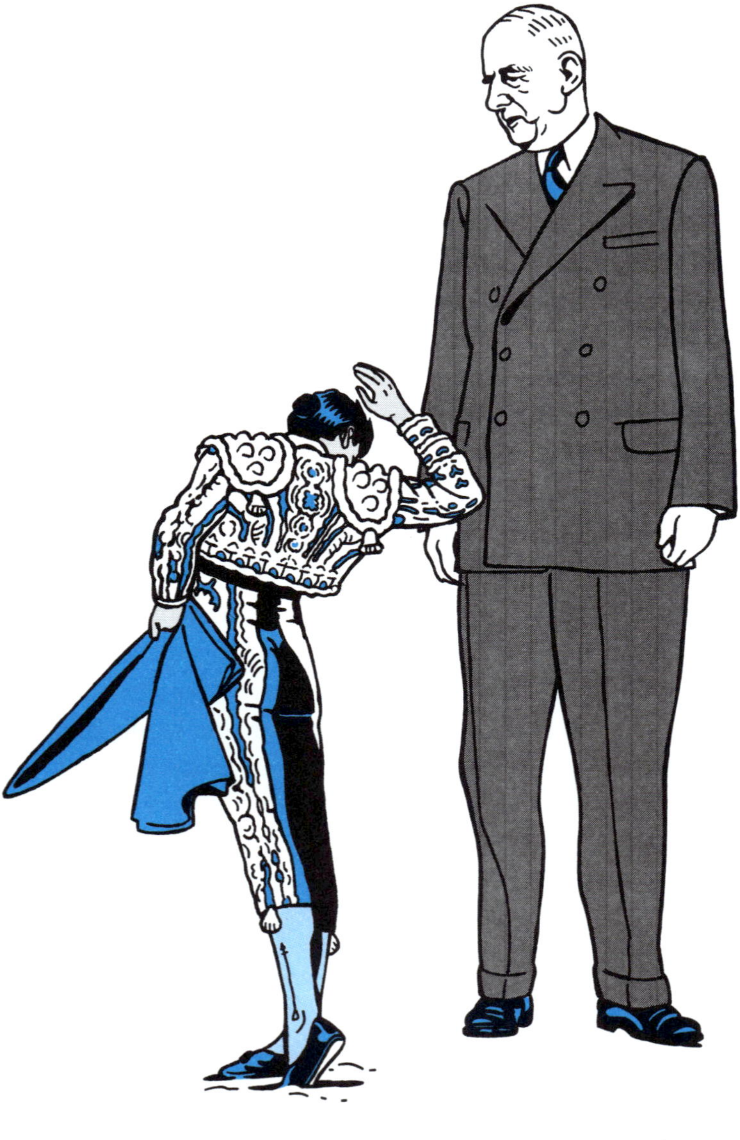

LES VACANCES DE L'HISTOIRE

De Gaulle en goguette chez Franco

Par Nathalie Funès

En juin 1970, retraité du pouvoir depuis un an, Charles de Gaulle décide avec son épouse, Yvonne, d'aller passer trois semaines en Espagne. Et de rendre visite au Caudillo.

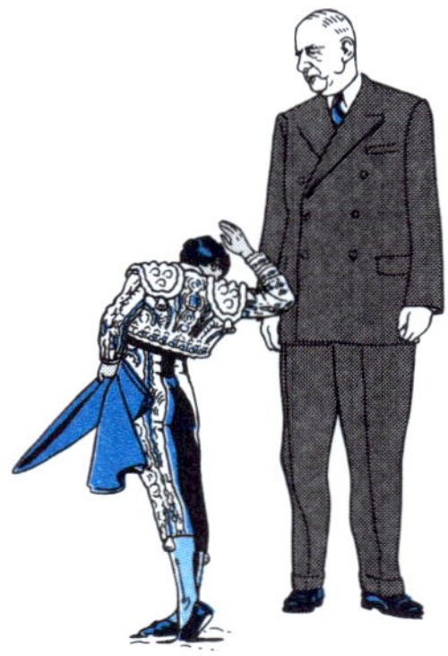

C'est une lettre manuscrite signée de la main d'Yvonne de Gaulle. Un courrier, à l'écriture ronde, adressé à Emmanuel Desgrées du Loû, l'aide de camp de son époux, auquel elle donne du « cher Colonel ». « Tante Yvonne » prépare ce qui sera le dernier voyage de son mari, l'Espagne. L'escapade est prévue sur trois semaines, avec un départ dans les premiers jours de juin de cette année 1970. Les instructions sont peu exigeantes pour un ancien couple présidentiel. Faire les trajets « tout en voiture » pour passer en France par de « belles régions », comme la corniche des Cévennes. Voyager avec un équipage léger, seulement deux automobiles, le second véhicule devant « enlever le siège arrière pour mettre les valises » volumineuses du Général. Dormir dans des Paradores, la chaîne d'hôtels de luxe – châteaux, forteresses, couvents, monastères – fondée par le roi Alphonse XIII en 1928. Prévoir « une chambre à deux lits jumeaux, avec cabinet de toilette, bains, W.-C », une autre à côté pour mettre les bagages et « permettre au Général de s'habiller », plus « un bureau-salon meublé simplement où il puisse travailler un peu ». Et, enfin, emprunter de « jolies routes », « sauvages », avec de « beaux paysages », repérées dans le *Guide bleu*. Ultime précision de Mme de Gaulle : « Les paysages riants ne nous intéressent pas tellement. »

Une vie de moine-soldat

Le Général approche de sa quatre-vingtième année. Six mois plus tard, à treize jours et quelques heures de son anniversaire, il va mourir foudroyé par une rupture d'anévrisme. Le 9 novembre, un peu avant 20 heures, alors qu'il vient d'entamer sa partie de patience quotidienne, tranquillement assis devant sa table de bridge dans la bibliothèque de La Boisserie, sa maison de Colombey-les-Deux-Églises, en Haute-Marne. Depuis qu'il a quitté l'Élysée, en avril 1969, c'est là qu'il traîne sa carcasse de 1,96 mètre le plus clair de son temps. Une vie de retraité, de moine-soldat, qui ne reçoit presque jamais personne et consacre ses journées à la rédaction de ses *Mémoires d'espoir*, la trace qu'il veut laisser à la postérité. Meurtri, amer, déçu, après l'échec du référendum sur « le projet de loi relatif à la création de régions et à la rénovation du Sénat ». Le couperet est tombé : 52,41 % de non. Lui, l'homme de l'Appel du 18 juin 1940, le représentant de la France libre, le chef du gouvernement provisoire de la fin de la Seconde Guerre mondiale, le fondateur de la Ve République, qu'il a servie durant onze ans – record de longévité pour un président, hors cohabitation –, lui, le général de Gaulle, chassé ainsi par le peuple français. « Congédié », comme le déplorait son épouse, « achevé », « mort », comme il s'en plaignait lui-même. Le communiqué, rédigé à la première personne, est envoyé à l'AFP le jour de la proclamation des résultats : « Je cesse d'exercer mes fonctions de président de la République. Cette décision prend effet aujourd'hui à midi. »

Pas de discours, pas de conseil des ministres extraordinaire, pas d'adieux, mais une promesse que le Général se fait à lui-même. Plus jamais il ne sera présent en France au moment de la commémoration de l'Appel du 18 juin, au mont Valérien – où plus d'un millier de résistants ont été fusillés par les Allemands –, une cérémonie qu'il n'a pourtant pas ratée une seule fois depuis 1945. Juin 1969 avait été voué à l'Irlande, le pays de son arrière-grand-mère maternelle, née Mac Cartan, un voyage de quarante jours qui lui avait aussi permis d'échapper à l'élection de son successeur et qui avait été immortalisé par la célèbre photo du grand homme, canne, imperméable sombre et chaussures de ville, en train de se promener sur la plage de Derrynane, avec Yvonne, tout de gris vêtue, et son aide de camp.

Cette année, trentième anniversaire du mythique appel, ses collaborateurs ont insisté : « Mon général, vous ne pouvez pas ne pas y être. — Je vous dis, c'est fini, c'est fini, je n'irai plus jamais au mont Valérien… »

Impossible de le faire changer d'avis. Ce sera donc l'Espagne. Charles l'a dit à son fils, Philippe. Il ne veut pas « mourir avant d'avoir vu le pays de Charles Quint », le monarque le plus puissant de la première moitié du XVIe siècle, il veut découvrir ce qu'a été l'Espagne quand elle dominait le « quart de la Terre », et il a fait le vœu dans sa jeunesse de se rendre comme pèlerin à Compostelle.

Visites au pas de charge

Le cortège s'ébranle le 3 juin. Deux DS Citroën noires, LA voiture du gotha français – acteurs, chefs d'entreprise, élus de la République –, héroïne d'un chapitre des *Mythologies* de Roland Barthes, devenue le véhicule officiel de l'Élysée sous de Gaulle. Dans la première, à l'arrière, le couple ; à l'avant, le fidèle chauffeur – qui conduisait au moment de l'attentat du Petit-Clamart – et l'aide de camp Desgrées du Loû, ancien pilote de chasse, entré au service du Général en 1959. Dans la seconde, un garde républicain, un garde du corps et les volumineuses valises. Le programme prévu est réglé comme du papier à musique. Dix mille kilomètres en vingt-cinq jours. Des visites au pas de charge : la cathédrale de Saint-Jacques-de-Compostelle, l'Escurial en Castille, Notre-Dame-du-Siège à Séville, la mosquée de Cordoue, l'Alhambra de Grenade, le monastère de San Jerónimo de Yuste, où est mort

Charles Quint. Et – controverse du voyage – un déjeuner avec le général Francisco Franco que beaucoup, des deux côtés des Pyrénées, vont avoir du mal à digérer. Franco, le Caudillo (« Chef suprême », en espagnol), le commandant qui réprima dans un bain de sang le combat républicain, le dictateur sans états d'âme qui fait tuer ses opposants par garrot – strangulation – jusqu'à la veille de sa mort, celui qui a serré la main de Hitler à Hendaye en 1940…

De Gaulle a « toujours été indifférent à la nature du régime politique d'un pays et [...] ne s'était jamais intéressé au sort de la République espagnole (ni dans un sens ni dans un autre), sauf dans la mesure où il affectait la France », explique l'historien britannique Julian Jackson dans le monumental *De Gaulle. Une certaine idée de la France*. Dès la fin de la guerre, le Général justifie les relations entretenues avec le régime franquiste par l'intérêt qu'un État digne de ce nom doit porter à son voisin. Il réclame, en 1951, que « ce peuple fier et vaillant [soit] sans plus tarder incorporé à l'ensemble » européen et, après son retour au pouvoir en 1958, entame un rapprochement. Et puis les grands hommes ont leurs petites faiblesses égotiques. Le dictateur espagnol a été le premier responsable étranger, après sa démission en 1969, à lui envoyer une lettre de soutien. « Yvonne » l'a donc bien précisé à Desgrées du Loû, dans sa missive de préparation du périple. Il faut « commencer par la visite » au Caudillo parce que les Espagnols sont « assez susceptibles au point de vue étiquette », que les « vêtements, coupes de cheveux, etc. » seront alors encore « en bon état » et qu'« on ne sait jamais », le retour pourrait être avancé.

Le 8 juin, à 13 h 15, Charles de Gaulle est accueilli en grande pompe dans la cour d'honneur du palais royal du Pardo, à six kilomètres de Madrid, construit par Henri IV de Castille au XVIe siècle et devenu résidence privée de Franco. Au menu : entretien d'une heure en tête à tête, au cours duquel on papote de la guerre au Vietnam, du conflit arabo-israélien, des relations Est-Ouest et du rôle de l'Allemagne. Puis déjeuner avec mesdames, l'ambassadeur de France et le ministre des Affaires étrangères espagnol, autour d'un saumon grillé, pommes vapeur à la sauce tartare, et d'une pièce de veau d'Avila. De Gaulle avait assuré à ses proches qu'il aimerait entendre comment Franco avait refoulé les troupes hitlériennes à la frontière espagnole en 1940. Il ne posera pas la moindre question à ce sujet.

Rongé par la maladie de Parkinson depuis six ans, attaqué par les tremblements, les problèmes de concentration et de mémoire, affaibli, la voix presque inaudible, le Caudillo, déjà fluet, longtemps surnommé *Cerillita* (« Allumette », en espagnol), a l'air d'un vieillard, alors qu'il est de deux ans le cadet de De Gaulle. Le Général confiera à son retour à un de ses secrétaires particuliers, l'ancien diplomate Pierre Louis Blanc, qu'il l'a trouvé « physiquement diminué, comme figé et quelque peu momifié, mais bien informé, au courant des affaires, et toujours servi par une souple intelligence politique ». Il conclura : « Tout bien pesé, le bilan de son action est positif pour son pays. Je lui ai dit. Mais

Dieu, qu'il a eu la main lourde [sur sa population, NDLR] ! » Et malicieux, il ajoute : « Cela, bien sûr, je ne lui ai pas dit. »

Le même qu'à Colombey

Les journaux espagnols sont au garde-à-vous. Pas un mot sur la dégradation physique de leur dictateur. Mais des photos en une des deux généraux debout, assis, et des commentaires enthousiastes, « Deux amis se rencontrent », « Ils se sont vus, ils ont déjeuné ensemble » …

Seul *El Pueblo* se permet une – légère – impertinence à l'égard des de Gaulle : ils « visitent l'Espagne à un rythme terrifiant ». À peine sorti du palais royal, le couple a repris son marathon touristique avec la même cadence. Visite du centre-ville de Madrid en deux temps, trois mouvements. Le Musée national du Prado expédié en une demi-heure. « Juste les Goya et les Vélasquez, ça suffira », avait prévenu le Général, qui daignera quand même s'arrêter dans les salles de la peinture française du XVIIIe siècle et des collections de Charles Quint. Et hop, retour à l'arrière de la DS noire, direction Tolède, l'ultime étape après la visite de l'Andalousie, qui doit clore l'expédition ibérique.

Pas question de casser la moyenne. Le rythme quotidien de 400 kilomètres en plein cagnard doit être tenu. Jamais d'invitation à déjeuner (hormis Franco, donc), encore moins à dîner (le couple n'a pas emporté de tenue de soirée). « Pour de Gaulle, s'attarder, c'est perdre du temps », raconte le journaliste Jean-Paul

Ollivier dans *Les Derniers Chemins du Général.* À midi, on pique-nique fissa. Les deux DS noires prennent des chemins de traverse à la recherche d'un coin tranquille. On sort la table et les chaises, une nappe, de la vaisselle, on déjeune sur le pouce, œufs durs, jambon de pays, poulet froid, tomates, fruits. En vingt minutes chrono, l'affaire est pliée, en vertu du bon mot dispensé un jour par le Général lors de l'un de ses voyages : « Un repas doit durer moins d'une heure, sinon c'est un banquet radical-socialiste ! » Hormis les visites touristiques, quasi bâclées, et les périples en voiture, l'emploi du temps de Charles de Gaulle reste finalement le même qu'à Colombey-les-Deux-Églises. La rédaction de ses *Mémoires d'espoir* occupe presque tout son temps.

Après vingt-deux jours de périple, et avoir laissé en pourboire l'équivalent de chaque note d'hôtel-restaurant qui ne leur était pas facturée, le couple rentre en France par le col de Roncevaux, l'un des plus anciens passages des Pyrénées, où est mort « Roland le preux », chargé d'assurer les arrières des armées de Charlemagne. Le 27 juin à 22 h 05, les grilles de la propriété de La Boisserie se referment sur les deux DS noires. C'est là que les critiques attendent le Général. L'écrivain et prix Nobel de littérature François Mauriac, qui, après quelques hésitations et le bombardement franquiste de Guernica, avait pris la défense des républicains, déclare être « resté glacé » par la visite espagnole et l'avoir « subie comme une offense ». André Malraux, dix ans durant ministre de la Culture de De Gaulle et ancien combattant auprès des républicains en 1936, est mortifié.

Cela ne trouble pas le « grand Charles ». À peine arrivé, il s'empresse d'envoyer un courrier de remerciements à son « cher général » : « J'ai été heureux de faire personnellement votre connaissance, c'est-à-dire celle de l'homme qui assume, au plan le plus illustre, l'unité, le progrès et la grandeur de l'Espagne. » Le couple a déjà prévu sa prochaine escapade. En juin 1971, ils veulent partir en Chine et rendre visite à Mao Tse-toung, le Grand Timonier, responsable d'au moins 50 millions de morts. Le décès du Général évitera une nouvelle polémique.

À LIRE Julian Jackson, *De Gaulle. Une certaine idée de la France*, Seuil, 2019.

Sous la direction de Claire Andrieu, Philippe Braud, Guillaume Piketty, *Dictionnaire de Gaulle*, Robert Laffont, 2006.

Jean-Paul Ollivier, *Les Derniers Chemins du Général*, Plon, 2005.

Philippe de Gaulle, *De Gaulle, mon père*, Plon, 2003-2004.

Max Gallo, *De Gaulle. La statue du Commandeur*, tome IV, Robert Laffont, 1998.

François Flohic, *Souvenirs d'Outre-Gaulle*, Plon, 1991.

Pierre Louis Blanc, *De Gaulle au soir de sa vie*, Fayard, 1991.

LES VACANCES DE L'HISTOIRE

Les virées maudites du shah d'Iran

Par Rémi Noyon

Jusqu'à la révolution islamique de 1979, Mohammad Reza Pahlavi et sa famille passent l'été au bord de la Caspienne et l'hiver en Suisse. Les photos de leurs pérégrinations, destinées à charmer les Occidentaux, alimentent la colère populaire et suscitent la fureur des mollahs.

On peut les suivre à la trace grâce à la presse people de l'époque. Le shah d'Iran et sa famille, en maillot de bain, s'adonnant à des sports nautiques sur la Caspienne. Le shah d'Iran et sa famille en doudoune matelassée sur les pistes de Saint-Moritz, la très chic station suisse. Le shah d'Iran et sa famille, toujours, en chemise légère, l'œil concentré, le regard hautain malgré le soleil d'été. Ces instantanés, pris quelques années avant la révolution islamique de 1979, ramassent ce qui fut le drame de la royauté iranienne : si certains y voient les derniers instants, émouvants, d'une modernité soufflant sur un pays religieux et traditionaliste, d'autres y décèlent tous les signes d'un régime corrompu et d'une cour fascinée par l'Occident. Comment des vacances purent-elles à ce point symboliser la chute d'une dynastie ?

Monté sur le trône en 1941, Mohammad Reza Pahlavi régna près de quarante ans sur la riche civilisation persane, survécut à un grave attentat, tenta d'occidentaliser son pays, combattit les marxistes et les mollahs, avant de mourir d'un cancer, quelques mois après la révolution islamique de 1979. Dans la bataille des images qui accompagna sa fin de règne, ses séjours en Europe ou en Amérique alimentèrent toutes les propagandes. « Partout les gens veulent avoir un roi qui soit proche d'eux sans rien perdre de son aura », dira plus tard, désabusé, l'héritier du trône, Reza. Le roi réussissait parfois à faire l'unanimité contre lui, comme lorsqu'il leva une coupe de champagne en compagnie du président américain Jimmy Carter, le 31 décembre 1977. On ne sait pas si le verre contenait vraiment de l'alcool, mais le clergé ne laissa pas au souverain le bénéfice du doute. Quant aux nationalistes, ils digérèrent mal que l'on fête, avec des Américains, autre chose que le Nouvel An iranien, qui tombe le 21 mars…

Sans surprise, la famille Pahlavi déploya beaucoup d'énergie à se dédouaner des critiques. Le shah fut peu disert sur ses loisirs – Sa Majesté parlait de choses sérieuses, de la CIA, des dangers de « l'hydre communiste » ou de son admiration pour le général de Gaulle. Sa dernière femme, en revanche, évoque ses moments de détente dans des Mémoires rédigés en exil. Farah Pahlavi y raconte les vacances d'hiver en Suisse, où le jeune Mohammad Reza a fait ses études, et les vacances d'été au bord de la Caspienne. L'Histoire a gardé l'image d'un roi mégalo, admirateur de Napoléon, qui tint à se couronner lui-même et organisa les dispendieuses fêtes de Persépolis en 1971.

En vacances, assure l'impératrice, le shah était un homme tout différent, prenant plaisir à demeurer à Nowshahr, dans le nord de l'Iran, dans ce qui n'était qu'un modeste « bungalow » : une chambre à coucher, un petit salon, une salle à manger et une véranda couverte où le couple royal regardait des films. Le professeur Flandrin, médecin français du roi, fut même très surpris en arrivant dans cette « bâtisse en bois sans étage », ressemblant à un « local assez banal de maître-nageur d'une quelconque plage normande ».

Cette supposée simplicité est aussi défendue par le jeune Reza, fils du shah, qui se souvient d'une excursion entre Nowshahr et Kelardasht. « Comme il faisait chaud, avec mon frère, ma sœur et quelques amis, nous nous sommes installés dans deux Jeep décapotables. » Des paysans s'entassèrent sur le bord de la route, ce qui est conforme à la tradition, mais ils se trompèrent de voiture et saluèrent la Mercedes des gardes du corps ! « Ils n'arrivaient pas à imaginer le prince héritier avec un col ouvert et en bermuda dans une Jeep aux côtés d'amis de son âge. » Sur la Caspienne, la famille royale s'adonnait aux plaisirs de la mer. En suivant les conseils d'un haut gradé féru de sports extrêmes, on s'essayait au tremplin et au parachute ascensionnel. Le roi montait à cheval, jouait à la pétanque, à des jeux de société, à des devinettes. Et aimait aussi piloter divers (gros) engins à moteur, dont certains volaient. Dans ses Mémoires, l'impératrice évoque ces instants avec une hauteur tout aristocratique : « La mer n'était pas propre, mais nous n'étions pas difficiles. »

Enfermé dans ses palais

Ces récits mélancoliques ne suffiront pas à calmer les suspicions de corruption. On lit de tout sur les Pahlavi : ils se baignaient dans le champagne, trafiquaient de l'opium, confisquaient les chèvres des paysans pour les lancer aux requins (un divertissement qui aurait eu lieu sur l'île de Kish), transportaient des montagnes d'or jusque dans des banques européennes… Encore aujourd'hui, la propagande des ayatollahs évoque « l'humiliation de la culture irano-islamique », des histoires de « décadence sexuelle trop embarrassantes pour être mentionnées » et l'arrestation à l'aéroport de Genève de la sœur du shah « alors qu'elle transportait une valise pleine d'héroïne ». Autant de rumeurs qui révoltent cette dernière. Pour Ashraf Pahlavi, cette campagne calomnieuse est d'abord le fait de la « presse occidentale », inconsciente, qui prit un « ton de plus en plus fielleux » pour dénoncer les « difficultés et erreurs du shah ». Ces médisances – attention, moment orientaliste – sont particulièrement dévastatrices au Proche-Orient : « Dans ces pays où l'image du père bienfaiteur doit être irréprochable, cette avalanche de propagande peut créer ou détruire un chef. »

Le manque de proximité du roi avec ses compatriotes fut un autre grand sujet de la propagande des mollahs, qui l'accusèrent de s'être enfermé dans ses palais. Il faut dire que le roi tenait parfois des propos savoureux. Quand un journaliste français lui demanda, en 1976, s'il ne craignait pas de « perdre un peu le contact avec le peuple » en se déplaçant en hélicoptère, il répondit, magnifique : « Non, parce que ces gens qui me voyaient traverser la rue peuvent maintenant me voir aussi bien sur l'écran de la télévision plusieurs fois par jour. » Difficile de corriger cette image en partant en vacances. Pourtant, lorsque la famille royale délaisse la mer Caspienne pour l'île de Kish, dans le golfe arabo-persique, l'impératrice assure que c'est pour entretenir le lien avec le pays. Certes, l'endroit est un lieu de plongée magnifique, dans lequel on organise des courses de moto entre des hôtels construits pour les riches Émiratis. Mais ces séjours offraient surtout au roi, raconte sa femme, « l'occasion de se pencher de plus près sur le fonctionnement de cette région du golfe ». Le ministre de la Cour, Asadollah Alam, l'avait d'ailleurs théorisé : le shah se doit d'entretenir des résidences un peu partout pour inspecter les installations de l'État. Bien sûr, pour se tenir au courant de ce qui se passait dans le pays, le roi pouvait surtout compter sur les services de la triste Savak, la sécurité intérieure, connue pour sa cruauté.

Ces clichés de vacances laissent aussi transparaître l'attachement des Pahlavi à certains aspects de la vie occidentale. Ashraf Pahlavi a raconté à plusieurs reprises comment, lorsqu'elle était jeune fille, les descriptions de l'Europe lui semblaient « aussi incroyables que les contes de fées ». Elle ne pouvait s'empêcher de « comparer Paris à Téhéran » : d'un côté, les bazars orientaux qui « avaient le même aspect depuis des siècles » et

« quelques cinémas où l'on pratiquait la ségrégation[1] », de l'autre ce que lui racontait Mme Arfa, une Française embauchée par la famille royale : « Les hommes et les femmes travaillent ensemble dans des bureaux et des usines, et le soir ils sortent ensemble pour aller dîner et danser. Et personne ne porte le voile. » Lors de son premier séjour aux États-Unis, la sœur du shah est stupéfaite de « l'énorme variété des biens de consommation ».

Des hôtes très courus

Ce décalage avec le conservatisme religieux d'une partie des Iraniens donne parfois des scènes cocasses. Sur l'île de Kish, il arriva que l'impératrice se retrouve dans le décor après une course de moto. À l'officier de sécurité qui s'inquiétait que des « gens » la « voient dans cette position », la reine dut faire un cours accéléré de féminisme. Pour fuir cette atmosphère étouffante, le shah et sa famille s'autorisent parfois à « profiter des avantages de l'Europe », dans la station alpine de Saint-Moritz. Bien sûr, ils auraient pu skier en Iran. Mais l'impératrice ne veut pas se priver de ce « bref décrochage », deux semaines par an. « Dès que nous étions en Iran, je me sentais responsable de tout, du bon fonctionnement de la station au moral des skieurs. [...] Je me revois, par exemple, veillant à ce que les gens ne se bousculent pas dans la queue, et aussi à

1. Entre les hommes et les femmes.

ce que mes gardes du corps ne s'arrangent pas, d'une façon ou d'une autre, pour me faire passer devant tout le monde. »

À Saint-Moritz, le shah est une figure connue. Un article du *New York Times*, en 1975, en fait même le pilier de la vie sociale. « Le roi et la reine étaient généralement les invités d'honneur de soirées qui étaient considérées comme des flops si elles ne se prolongeaient pas après cinq heures du matin. »

Le monarque dominait la station depuis la Villa Suvretta, tandis que la cour s'installait dans des chalets satellites. C'est là qu'il eut des entretiens avec Pierre Trudeau, alors Premier ministre du Canada, ou Valéry Giscard d'Estaing, alors président de la République française, passant une tête depuis Courchevel. Interrogé par *Le Temps* en 2005, le barman du Renaissance Bar garde un souvenir ému du monarque : « Quand il venait au bar, je lui demandais : "Que voulez-vous boire, Votre Altesse ? " Et lui, majestueux, me répondait : "À ce bar, le seul empereur, c'est vous !" Magnifique, non ? »

Les Pahlavi sont des hôtes très courus à qui l'on s'empresse de dérouler le tapis rouge : ils achètent des armes, et l'Iran est vu comme une grande puissance en devenir. Mais la colère contre le shah n'est pas seulement alimentée par les mesquineries de la presse occidentale. Sa « révolution blanche », lancée en 1963, visait à transformer l'Iran, encore largement rural : réforme agraire, alphabétisation, droits des femmes, etc. Hélas, ces mesures vont de pair avec l'établissement d'une dictature policière brutale. Et si une partie de l'Iran se modernise, le schisme s'accentue avec les religieux. Au milieu des années 1970, ces contradictions s'aiguisent. La manne pétrolière ne suffit plus à lisser des soubresauts économiques dont vont bénéficier les dirigeants de l'opposition, nationalistes libéraux d'un côté et mollahs de l'autre. La sclérose démocratique s'étend, et l'opposition capitalise sur la défiance vis-à-vis des puissances étrangères, les États-Unis en particulier (qui n'ont pas toujours été d'une pureté morale impeccable dans leurs rapports avec l'Iran). À partir de 1976, le shah doit même éviter Saint-Moritz car « les autorités suisses nous firent savoir qu'elles étaient inquiètes pour notre sécurité », raconte Farah Pahlavi. Le cycle de manifestations et de répressions paralyse le régime et, le 16 janvier 1979, le couple impérial doit fuir (en hélicoptère) le palais de Niavaran. Commence l'exil : en Égypte, au Maroc, au Mexique, aux États-Unis. Officiellement, le souverain part en vacances…

À LIRE Farah Pahlavi, *Mémoires*, XO, 2003.

Reza Pahlavi, *Pour l'Iran. Entretiens avec Ahmad Ahrar*, Flammarion, 2004.

Ashraf Pahlavi, *Visages dans un miroir*, Robert Laffont, 1980.

LES VACANCES DE L'HISTOIRE

Giscard et la vengeance de l'antilope

Par François Reynaert

Grand amateur de chasse, Valéry Giscard d'Estaing aime à tirer le gibier partout où il peut. Dans les années 1970, alors qu'il est ministre des Finances, il se rend à plusieurs reprises dans une immense réserve de Centrafrique, un pays alors dirigé par un certain Jean-Bedel Bokassa…

Se méfie-t-on assez des souvenirs qu'on rapporte de vacances ? Toute sa vie, Valéry Giscard d'Estaing (1926-2020) a aimé pratiquer les loisirs du grand bourgeois qu'il était : ski l'hiver dans les stations les plus chics ; bains de mer l'été ; longues séances de tennis dans de belles propriétés tout au long de l'année ; voyages dès que possible. De la famille de sa femme, Anne-Aymone, il a hérité le goût d'une vieille récréation aristocratique, la chasse. De ses plus jeunes années à l'expiration de son dernier permis en 2018, alors qu'il était âgé de quatre-vingt-onze ans, le futur puis ex-président a sorti le fusil partout où il a pu. Dans le domaine présidentiel de Chambord, du temps où il était ministre de De Gaulle – qui ne tirait pas lui-même mais, par respect de la tradition, participait aux dernières battues – puis de Pompidou ; mais aussi un peu partout, en France ; et même, en pleine guerre froide, au Tibet, en URSS ou en

Pologne pour traquer l'ours et autres grosses bêtes dans les forêts giboyeuses du glacis soviétique. Ses parties les plus fameuses se sont, cependant, passées en Afrique.

Selon les récits qu'il a pu faire, le virus du continent noir a touché Giscard assez tard. Il y a posé les pieds pour la première fois en 1969, à l'occasion d'une expédition au Mozambique montée par Henri de La Tour d'Auvergne, un cousin du côté de sa femme. La vue de ses premières antilopes lui a procuré une impression violente et inoubliable. Selon ses dires, c'est cette émotion qui lui a donné l'envie irrépressible de revenir dès que possible pour en liquider quelques-unes à coups de fusil – étrange paradoxe qui semble si naturel à tous les chasseurs et consterne celles et ceux qui ne le sont pas. Dans la famille du gracieux herbivore, l'espèce la plus recherchée est l'éland de Derby, ou « éland géant », admiré pour sa taille et ses somptueuses cornes torsadées. Le cousin explique à Giscard qu'on le trouve principalement au centre du continent, dans les fascinantes contrées équatoriales où circulent aussi d'impressionnants troupeaux de buffles.

Quelques bungalows de bambou

Bien plus tard, quand il reviendra incidemment sur sa fascination pour l'animal, au hasard d'un documentaire dressant le portrait d'un de ses amis guide de chasse en Afrique, le Nemrod de Chamalières mentionnera quelques pays où il l'a pisté, le Cameroun, le Tchad. Il en oubliera un, pour une raison qu'on comprendra bientôt : la République centrafricaine. C'est pourtant dans ce grand pays qu'au début des années 1970, alors qu'il est ministre des Finances, il se rend à plusieurs reprises, pour une semaine ou deux. Il y vient à l'invitation d'un autre de ses cousins et surtout de l'associé de celui-là, un certain Marc Péchenart, qui a de la place pour recevoir. Industriel ayant fait fortune dans l'équarrissage, bon connaisseur du continent pour y avoir été militaire du temps de la coloniale, l'homme a obtenu du président local une concession située au nord du pays, aux confins du Tchad et du Soudan. Elle s'étend sur environ 700 000 hectares, soit à peine moins que la superficie de tout le département du Puy-de-Dôme.

À en croire les rares détails distillés par Giscard dans ses Mémoires, la réserve était vaste, mais le confort spartiate. Le poste où l'on accueille les hôtes est constitué de quelques bungalows de bambou plantés au milieu de l'immense territoire de savanes et de forêts, sans électricité ni eau courante. L'avantage est qu'on n'y risque pas de visites impromptues. À chaque passage d'invité de marque, le maître des lieux donne consigne à son personnel de ne laisser entrer aucun étranger sur toute la réserve. Le seul mince cordon qui relie à ses dossiers le ministre en apnée subtropicale est un officier de sécurité cantonné, durant le séjour, dans un village à une vingtaine de kilomètres. Lui seul dispose d'une radio pour communiquer avec Paris. Il a pour consigne de ne déranger notre ermite qu'en cas d'impérieuse nécessité. Il ne l'a jamais fait. Pour le traqueur d'antilopes, ces milliers de kilomètres carrés sont donc la thébaïde modeste et idéale pour goûter au « vrai repos », avec un entourage limité. « Nous étions quatre. Marc Péchenart, qui me recevait, mon guide de chasse et ami Maurice Patry, sa femme Anne-Marie et moi-même. »

Beau gibier et autochtones « intensément noirs »

Depuis le début de sa carrière, le politicien qui, dans une France dirigée par de vieux gaullistes, entend représenter la jeunesse et la *modernité* n'a jamais rechigné à se mettre en scène, surtout pas dans ses activités sportives. Il existe des centaines d'images de l'homme à la plage, à la piscine, au ski, au tennis, à cheval. Curieusement, les seules qui manquent à l'appel sont celles qui le représentent dans ses safaris centrafricains. S'il y en a, elles sont bien cachées. Vrai désir de protéger son jardin secret, comme il l'a prétendu, ou plutôt peur de braquer une partie de son électorat ? La chasse en général n'est pas populaire chez tout le monde – ce serait bête de fâcher les amis de Brigitte Bardot, d'autant qu'elle fera campagne pour lui, lors de la présidentielle de 1974. Celle qu'on mène dans les forêts équatoriales traîne en outre une réputation de luxe hors de prix. Faute de représentations, on ne peut donc que s'imaginer notre chuintant argentier de l'État en treillis et chaussures de brousse, avec ses jumelles et son fusil en sautoir, partant au petit matin avec ses deux compagnons sur les traces du gibier dont ils rêvent, pour ne revenir au camp que dans la soirée. Ils pourront alors y jouir du repos du chasseur, auprès de l'indispensable dernière pièce du quatuor, Anne-Marie, gardienne du foyer : « Elle surveillait l'intendance, et c'est elle qui nous accueillait, pour un dîner fait de conserves et de poissons africains… »

Les hommes à la chasse, la femme auprès du feu. Tout un monde, non ? À dire vrai, chez Giscard l'Africain, il n'y a pas que la répartition des sexes qui soit accrochée à son archaïsme. Son rapport à l'altérité humaine en général vaut son pesant de noix de coco. Grâce à Dieu, Anne-Marie n'est pas seule à s'occuper du bivouac, elle y passe sa journée « avec ceux des Africains qui entretenaient les feux et l'aidaient pour la cuisine ». Un peu plus loin, on comprend aussi que nos trois chasseurs ne sont pas non plus laissés à eux-mêmes dans la vaste savane, mais accompagnés de dizaines d'autres de ces autochtones, pisteurs, traqueurs, rabatteurs. Combien ? Qui exactement ? Quels étaient leurs noms ou leurs prénoms ? On n'en saura rien. Pourquoi faudrait-il s'appesantir sur des gens qui, de toute évidence, dans l'esprit de l'auteur, font partie de l'exotisme du décor ? Dans la meilleure tradition coloniale, ils ont juste droit à une petite phrase ou deux d'essentialisation. Les tribus qui habitent la contrée sont des Zandes et sont, écrit le mémorialiste, « intensément noirs, conservant les croyances et les rites anciens, redoutant la sorcellerie ». Une pompeuse remarque de la même page nous rappelle que s'ils n'étaient pas là, ce serait presque aussi bien : ce que vient chercher le voyageur dans le monde noir, c'est « cet immense continent maternel et immuable exactement semblable à ce qu'il était avant l'apparition de l'homme ». M. Sarkozy, on s'en souvient, regrettait que l'Afrique ne fût « pas assez entrée dans l'Histoire ». Son lointain prédécesseur à l'Élysée faisait encore plus fort. À ses yeux, elle n'y était donc jamais entrée du tout.

« Des journées à bouquiner »

On l'a compris, pour ce qui est du racisme décomplexé, Giscard en Centrafrique, c'est Tintin au Congo. Pour ce qui est du tableau de chasse, c'est moins net. Lors de ses pérégrinations équatoriales, les lecteurs s'en souviennent sans doute, le petit reporter belge tirait des antilopes en telle abondance qu'il réussissait à faire une colline de leurs cadavres. À l'en croire, le ministre en safari a eu moins de veine avec ses fameux élands de Derby. À notre connaissance, à part les quelques paragraphes de ses Mémoires déjà cités, il n'y a qu'un endroit où l'on peut glaner des détails sur ces traques centrafricaines : dans un portrait documentaire consacré à Maurice Patry, le guide de chasse cité plus haut. Étonnant personnage. Après un passage dans l'armée, le jeune homme se fait connaître en 1951 par une incroyable traversée de l'Afrique en kayak. Des décennies plus tard, il refera parler de lui en allant pister en Indonésie le *babiroussa*, un cousin du sanglier que les spécialistes pensaient disparu et dont il réussira à filmer des spécimens vivants.

Dans les années 1960-1970, Patry avait aussi possédé une réserve de chasse sur la côte du Gabon, qui attirait le monde en or massif des milliardaires amateurs de safaris armés. C'est sans doute là que Giscard l'a connu. Témoignant dans ce film hommage réalisé vingt ans après sa mort, l'ex-président lâche quelques phrases amusantes sur les déconvenues de chasseur. Le seul éland qu'il a réussi à mettre dans son viseur se trouvait au Tchad. Ailleurs, explique-t-il sans précision mais faisant forcément allusion aux fameux séjours centrafricains, les résultats ont été plus mitigés. Une année, les trois trappeurs des tropiques avaient décidé de marcher patiemment, pendant des heures, sur les traces des animaux convoités dans l'espoir d'en croiser. Ils n'en ont jamais vu. L'année suivante, ils ont donc essayé la stratégie inverse, consistant à se planquer chacun dans des cabanes de feuillage en attendant une rencontre. Aucune n'advint. Les trois ermites armés, chacun dans leur cabane, passèrent donc « des journées à bouquiner ». « Et c'était merveilleux », ajoute, grand prince, le narrateur.

Tout ce que l'on peut supposer de plus, c'est que le soir, autour du feu, une fois retrouvée la faculté de bavarder, les conversations ne devaient guère aller dans le sens du « libéralisme avancé » dont le ministre, à Paris, se faisait le chantre. On ne connaît pas les opinions politiques de Patry, peut-être trop obsédé par la nature et les animaux pour avoir un point de vue sur les vicissitudes humaines. Péchenart, lui, était un des grands amis de Jean-Marie Le Pen qu'il avait connu via sa femme Jany. Au début de notre siècle, c'est lui qui organisa une fameuse rencontre entre le leader d'extrême droite et l'ancien président, censée rester secrète, et que tous les biographes des deux hommes racontent.

On est sûr, en tout cas, qu'aucun de nos trois mousquetaires équatoriaux, beaucoup plus intéressés par l'état du gibier que par le sort des populations locales, ne faisait grand cas de l'état de la démocratie en Afrique. Les évidentes dérives autoritaires de plus en plus marquées de leur hôte ne les gênèrent jamais.

Un empereur en Sologne

Depuis 1966 règne sur la Centrafrique un certain Jean-Bedel Bokassa (1921-1996), un drôle de gars, lui aussi. Orphelin très tôt, engagé à dix-huit ans dans les troupes coloniales françaises, il combat durant la Seconde Guerre en Afrique, puis en Indochine. Lorsque, en 1960, l'ex-colonie d'Oubangui-Chari (une des plus pauvres d'Afrique-Équatoriale française) devient la République centrafricaine, l'ancien soldat, alors capitaine, est un des rares gradés du pays. Il prend rapidement en charge les forces armées du nouvel État et la sécurité de son président, un de ses cousins. En 1966, selon un schéma si classique, il le chasse du pouvoir par un coup d'État et prend sa place. Viscéralement attaché à de Gaulle, son chef du temps de la France libre, et à l'ancienne puissance coloniale, le dirigeant acquiert rapidement un nombre impressionnant de propriétés en France. Il n'est pas le seul satrape au monde à le faire, c'est vrai. Le piquant est qu'il en achète un certain nombre en Sologne, région aussi réputée pour son potentiel cynégétique que les zones giboyeuses du cœur du continent noir. Dans les années 1970, quand Giscard, ministre, puis président, rêve des chasses centrafricaines, le président africain profite de longs séjours à côté de celles qui font la gloire du Centre-Val-de-Loire.

Le parallèle vaut ce qu'il vaut. Quand il se rend à ses safaris qui durent au plus une semaine ou deux, le ministre puis président français prend effectivement des *vacances* – c'est-à-dire une période de coupure avec sa vie publique et son travail. On ne peut pas en dire de même pour son homologue équatorial, dont l'emploi du temps et les finances sont autrement brouillés. Au cours des années, il acquiert autour de Vierzon et Romorantin pas moins de cinq propriétés – dont un restaurant. Sa préférée relève d'une esthétique très giscardienne : un vaste château en faux Louis XIII construit à la fin du XIXe siècle par un industriel. Tout ce patrimoine a évidemment été acquis grâce aux deniers publics de son pays, allègrement pillés.

Par ailleurs, on peut difficilement voir ses séjours comme des congés. *Bokassa Ier, roi de Sologne*, un documentaire de 2004 réalisé par Xavier Gasselin, nous détaille l'emploi du temps de Sa Majesté lors de ses résidences dans nos campagnes. Pour le grand bonheur des populations locales, beaucoup de temps était consacré à arroser les commerces avoisinants avec des achats payés à coups de billets de 500 francs tirés de valises portées par des gardes du corps ; à organiser des cérémonies protocolaires avec les membres de la cour présents sur place ; à arriver pour repartir. Curieusement, il n'a jamais été question d'aller tirer le cerf ou le sanglier, loisir fort prisé dans ces parages. En revanche, le chef d'État centrafricain aimait à faire acheter du matériel agricole, ou à aller interroger les maraîchers de la région pour tenter d'importer leurs pratiques dans son pays. Navrante initiative. Le climat de l'Afrique centrale ne ressemble guère à celui du Loir-et-Cher. Importées vers l'équateur, les fraises ont pourri sur pied, et les asperges monté si haut qu'elles étaient inconsommables.

Les cadeaux fatals

Giscard se rend chez son ami Péchenart à plusieurs reprises alors qu'il est ministre. Il y retourne deux fois, quand il est président, pour des voyages privés, en 1976 et en 1978. Son ami Bokassa, de plus en plus répressif et brutal, a alors franchi une marche supplémentaire dans le délire de sa toute-puissance.

En 1976, ce fan de Napoléon s'est autoproclamé empereur et a organisé la mascarade la plus navrante dans un pays ravagé par la plus grande pauvreté : un sacre copié sur celui de son idole corse, avec carrosse, manteau d'hermine et couronnes serties de diamants. Le tout a été largement payé par la France, prête à beaucoup trop pour ne pas perdre un pilier de ce qu'on appelle déjà la Françafrique. Prudent, le président français a toutefois décliné l'invitation qui lui était faite de participer à la cérémonie. Il doit commencer à sentir que sa position de soutien inconditionnel à l'égard d'un allié aussi tapageur n'est plus très tenable.

Début 1979, l'empereur a l'idée d'imposer dans les écoles des uniformes – fabriqués avec les tissus d'une usine appartenant à sa femme. Des lycéens osent manifester à Bangui contre une mesure qui ruinerait leurs familles. La répression, atroce, crée un scandale international. Durant cette même période, notre ami l'empereur a également le mauvais goût de se tourner vers le Libyen Kadhafi, ennemi assumé de la France et de l'Occident, qui essaie d'avancer ses pions en Afrique. La coupe est pleine. En septembre 1979, alors qu'il est précisément en déplacement chez son nouvel allié à Tripoli, sa majesté impériale Bokassa est détrônée par un coup d'État entièrement géré par Paris, et remplacé au pouvoir par le cousin qu'il avait évincé treize ans plus tôt.

Pour Jean-Bedel, désormais exilé, le renversement n'est pas seulement un acte politique, il relève de la trahison personnelle. Comment Giscard a-t-il osé, lui qui, dans les courriers, lui donnait du « cher parent », comme on doit faire entre princes régnants ? Sa vengeance est un plat qu'il mange vite. En octobre 1979, un mois après la déposition, *Le Canard enchaîné* sort un article retentissant, illustré par un bon de commande daté de 1973, signé de Bokassa lui-même, demandant à son « comptoir national du diamant » de remettre une plaquette de pierres de trente carats à son ami le ministre des Finances français en visite. On comprend que, revenant de ses chasses chez son ami Péchenart, Giscard passait par Bangui et y ramassait au passage ce délicat petit cadeau – d'une valeur estimée à la somme, alors énorme, d'un million de francs.

Le lendemain de la parution du *Canard*, *Le Monde* embraye avec un édito au vitriol. Début de la célèbre « affaire des diamants ». Aujourd'hui encore, elle n'est toujours pas tirée au clair. Les fameux bons de commande signés de Bokassa étaient-ils des faux ? Les cadeaux étaient-ils aussi somptueux qu'on l'a dit ? Le fait est que le président en exercice a répondu à l'opération par une communication désastreuse. Il a d'abord refusé d'en parler, puis s'est emmêlé dans des versions variables, prétendant un jour que les fameuses plaquettes ne contenaient que de vulgaires brillants, puis qu'il avait revendu les cadeaux pour offrir la somme correspondante à la Croix-Rouge centrafricaine. Le fait est que « l'affaire des diamants », avec toutes ses variantes (révélations, sketchs, etc.), a été ravageuse pour celui que *Le Canard* surnommait « Giscarat ». En mai 1981, brisé dans son élan (de Derby), il est battu. On y verra la vengeance de l'antilope.

À LIRE OU À VOIR

Valéry Giscard d'Estaing, *Le Pouvoir et la Vie*, Le livre de Poche, 2004.

Éric Ellena et Antonio Rodrigues, *Maurice Patry, l'aventurier au grand cœur*, documentaire Production French Connection, 2002.

Xavier Gasselin, *Bokassa Ier, roi de Sologne*, documentaire Beta productions et France 3 Île-de-France-Centre, 2004.

LES VACANCES DE L'HISTOIRE

Le pape fait du ski

Par Grégoire Leménager

A-t-on droit à des congés
quand on est le successeur de saint Pierre ?
Un si grand chef spirituel peut-il
en profiter pour faire de l'exercice physique ?
Réponses avec Karol Wojtyla, alias Jean-Paul II,
ce pontife cathodique qui sut si bien
mettre en scène son corps qu'on le surnommait
« l'athlète de Dieu ».

En 1979, il n'y a pas que *Les Bronzés* qui font du ski, entre un verre de vin chaud et une tartine de fougne. Le nouveau souverain pontife pratique aussi le planté de bâton. Et les photos de ses slaloms font vite le tour du globe. « De *Newsweek* à *Paris Match*, de la presse la plus austère aux grands hebdomadaires internationaux », note Caroline Pigozzi dans *Jean-Paul II intime*, la presse s'arrache « les clichés de ses descentes à ski, en plein mois de juillet, encadré par un petit groupe de moniteurs, sur les cimes des glaciers alpins ». Drôle de pape, se disent certains paroissiens, qui se demandent si tout ça est bien catholique. Ils ne sont pas au bout de leurs surprises. L'art de se mettre en scène est clairement l'un des talents de Sa Sainteté. Elle n'a pas fait du sport pour rien, dans sa jeunesse polonaise. Ni du théâtre.

À vrai dire, que Karol Wojtyla se soit retrouvé l'année précédente à la tête de l'Église et du Vatican avait déjà de quoi frapper les esprits. Son prédécesseur, Jean-Paul Ier, venait de mourir brusquement après trente-trois jours de pontificat, et l'archevêque de Cracovie devenait ainsi, le 16 octobre 1978, après huit tours de scrutin validés par une colonne de fumée blanche, le premier pape non italien depuis des siècles (le précédent était le Néerlandais Adrien VI, élu en 1522). Avec son patronyme exotique, on commence même par prendre ce Wojtyla pour un Africain. Le malentendu se dissipe quand on découvre son profil plutôt costaud de montagnard polonais : 1,74 mètre, 80 kilos, cinquante-huit ans, c'est un pape en pleine forme. D'ailleurs, la veille de son élection, le 15 octobre, il a filé jusqu'à la plage de Palidoro, à une petite trentaine de kilomètres de Rome, pour se baigner dans l'eau salée. Et dès le lendemain, ou presque, malgré les protestations de ses conseillers et l'opposition résolue du directeur général des services techniques du gouvernorat du Vatican, le voilà qui lance la construction d'une piscine ultramoderne dans les jardins de Castel Gandolfo, sa charmante résidence secondaire de fonction. C'est ainsi que, jusqu'à sa fracture du col du fémur en 1994, le Saint-Père pourra, affublé d'un imposant maillot de bain noir, nager régulièrement la brasse coulée dans un bassin de 16 mètres sur 8. Quand on a fait vœu de célibat, il faut bien que le corps exulte, n'est-ce pas.

A-t-on droit à des congés (payés) quand on est le successeur de saint Pierre ? Un chef spirituel d'un si haut rang peut-il en profiter pour faire un peu d'exercice physique ? Et que peut bien signifier cette façon, propre à Jean-Paul II, de jouer publiquement à « l'athlète de Dieu », comme on le surnommera bientôt ? À la première question, Urbain VIII avait répondu oui, au XVIIe siècle, en aménageant Castel Gandolfo en plein Latium. Mais il n'en était pas à s'installer une piscine pour faire des longueurs entre deux *Salve Regina*. Le sport occupait une place limitée dans le rituel de ses vacances. « Onze années durant, raconte Bernard Lecomte dans son *Dictionnaire amoureux des papes*, Urbain VIII alla se reposer deux fois par an à Castel Gandolfo, en avril et en septembre, alternant les promenades à cheval, les audiences diplomatiques et les rencontres avec des intellectuels. La chronique de l'époque rapporte qu'à chaque fois le pape quittait le Quirinal de bon matin, dans un carrosse tiré par six chevaux, portant le camail et l'étole, précédé par son porte-croix à cheval et suivi de sa noble cour : maître de maison, secrétaire des États, confesseur, médecin, caudataire, échanson, chapelain, palefreniers et bien d'autres, tous escortés par les Gardes suisses portant panache… » C'est ce qui s'appelle voyager léger ? Peu importe, le *Guide du Routard* n'était pas encore à la mode, et le pli était pris. Plusieurs autres pontifes imiteront donc Urbain VIII, avec sensiblement le même protocole, pour aller au même endroit se « purger » des problèmes et des bruits de la cité, comme disait Benoît XIV (pape de 1740 à 1758).

Luxe, calme et bénédicité

La tradition s'était, semble-t-il, un peu perdue lorsque Jean-Paul II fut « le premier pape moderne à prendre des vacances régulières », selon Bernard Lecomte. Il décide alors de faire de Castel Gandolfo son « Vatican II » (c'est de l'humour de pape). Environ deux mois par an, accompagné de quelques proches, dont sœur Emilia, sa bibliothécaire, et d'une dizaine de gardes suisses et de gendarmes, il prend ses quartiers d'été dans ce domaine d'une cinquantaine d'hectares qui héberge un palais de vingt-cinq pièces, deux villas, une ferme bâtie par Pie IX en 1930 et l'Observatoire astronomique du Vatican. Le panorama est divin, puisque la propriété est située sur l'une des pentes de l'ancien cratère qui accueille désormais le lac d'Albano. Et puis c'est pratique : comme on n'est qu'à trente kilomètres du Capitole à vol d'oiseau, il est facile, chaque mercredi pour dispenser la catéchèse, de faire l'aller-retour à Rome d'un coup d'hélicoptère (celui du pape, bleu et blanc, fait le trajet en vingt minutes). Le reste du temps, Jean-Paul II profite de sa maison de campagne géante pour recevoir du monde : de vieux amis polonais qui lui apportent du pays des caramels « Krowka Popularna » ; de puissantes personnalités comme le président américain George W. Bush, en juin 2001 ; des intellectuels, des évêques et des journalistes-écrivains comme l'académicien André Frossard, qui lui consacrera plusieurs livres ; et évidemment des scouts, des séminaristes, de jeunes pèlerins avec lesquels le pontife rigole suffisamment pour, le grand âge venu, un jour de 2000, leur imiter Charlie Chaplin en faisant des moulinets avec sa canne.

Caroline Pigozzi détaille tout cela très bien : « Même si, à Castel Gandolfo, Jean-Paul II était officiellement en vacances et si les activités de la curie fonctionnaient au ralenti, sa vie commençait toujours tôt. Le pape, qui aimait contempler le lever du soleil, célébrait la messe à 7 h 30, avec un léger décalage sur celles qu'il disait à Rome. Y assistaient son entourage et souvent des hôtes de passage, une bonne vingtaine de personnes en tout. La chapelle, pure et providentielle coïncidence, est dédiée à la Vierge noire de Czestochowa, tant vénérée des Polonais. [...] Après la messe, même s'il est fatigué, Jean-Paul II retenait souvent, pour le petit-déjeuner, quelques personnes de l'assistance. Copieux breakfast à l'anglaise, avec thé, café, jus de fruits, lait de sa ferme, petits pains ronds, œufs brouillés aux herbes sauvages, fromages, bacon, beurre, confitures faites avec les fruits du verger [...]. Puis il prenait congé de ses visiteurs car, sous ce climat souvent lourd, il lui fallait se ménager. »

Se ménager, d'accord, par exemple en s'accordant à table un demi-verre de blanc coupé d'eau, une petite sieste en début d'après-midi, un rafraîchissement dans la fameuse piscine, ou une escapade incognito en Mercedes à travers les collines du coin. Luxe, calme et bénédicité, en quelque sorte. Le droit à la déconnexion sera même plus ou moins théorisé par le pape après l'attentat auquel il a miraculeusement échappé en 1981. Il avait beau être persuadé, depuis ce jour-là, d'être personnellement protégé par la Vierge Marie elle-même, une petite voix lui disait qu'il serait un peu risqué de trop « tenter Dieu » en s'épuisant à la tâche, et en comptant uniquement sur Lui pour recharger des batteries nécessaires à l'accomplissement de sa mission. Reste que l'oisiveté, cette mère de tous les vices, n'est pas vraiment le péché capital de Jean-Paul II. Même lorsqu'il n'est pas au Vatican ou en vadrouille à l'autre bout de la planète, sa villégiature se passe à lire « une heure et demie par jour », à éplucher la presse, à promener son rosaire parmi les chênes verts, les ifs et les cyprès. Sans compter qu'il faut bien continuer à se recueillir et prier, même en vacances. Dieu n'est pas du genre à en prendre, et Il reste le grand patron. Est-ce pour bien le faire comprendre que le pape François, lui, ne mettra presque jamais les pieds à Castel Gandolfo ?

Positive altitude

En attendant, la véritable innovation de Jean-Paul II est ailleurs, en matière de détente pontificale. On l'a déjà entrevu, c'est un gaillard qui aime se dépenser. Il ne s'en cache pas : en Pologne, il a joué au football (surtout comme gardien de but, dit-on, ce qui lui fait un point commun avec Albert Camus), pagayé dans des canoës-kayaks, pédalé avec ses ouailles sur de petites routes de campagne à l'époque où il était un simple prêtre. Il a, surtout, dévalé à ski les pentes des Tatras quand il était archevêque… Et pas question pour lui de renoncer à ce genre d'activité comme l'avait fait Achille Ratti, qui était passionné d'alpinisme, lorsqu'il était devenu Pie XI en 1922. « Le ski est le plus efficace des médecins exerçant sans diplôme », aurait rigolé un jour Karol Wojtyla. Comme pour bien le signifier, moins d'un an après son élection, le 26 août 1979, le très sportif Saint-Père accepte volontiers, en présence d'un journaliste vaticaniste de l'AFP, un cadeau « aussi osé que singulier » du futur entraîneur de l'équipe italienne de ski, Helmut Schmaltzl : il s'agit, raconte encore Caroline Pigozzi, d'« une superbe paire de skis blancs, entièrement confectionnés à la main par un menuisier célèbre de Cortina d'Ampezzo ». L'histoire ne dit pas combien de descentes il fera avec cet équipement-là, mais une chose est sûre : Jean-Paul II a toujours aimé la montagne ; elle restera l'un des décors préférés de cet animateur de grands shows planétaires.

Mi-juillet 1984, le voilà par exemple dans les Dolomites, à 3 035 mètres d'altitude, bien décidé à descendre un glacier à skis chaussé de Nordika rouges, quand la nouvelle parvient aux oreilles du président de la République italienne. Sandro Pertini, quatre-vingt-huit ans, décide alors d'aller rejoindre son homologue du Vatican et s'accroche à son bras pour ne pas se casser la figure dans la neige (« Le pouvoir temporel paraissait s'appuyer sur le pouvoir spirituel », résumera spirituellement *Le Figaro*). Le 12 juillet 1985, Jean-Paul II fuit nos vallées de larmes pour randonner dans les Apennins, sur le Gran Sasso, qui culmine à

2 192 mètres (sans paparazzis, dit-on, mais les photos sortiront quand même dans *Le Figaro Magazine* un an plus tard). Le 7 septembre 1986 vient peut-être le clou du spectacle : un hélicoptère dépose le souverain pontife sur le glacier de la Brenva, à 3 700 mètres, pour offrir au monde l'image surréelle de son anorak blanc tandis qu'il foule la neige immaculée au pied du Mont-Blanc.

Qu'on vénère le pape ou pas, difficile de l'ignorer à l'âge triomphant de la société du spectacle : il n'y a pas que la basilique Saint-Pierre et les jardins de Castel Gandolfo dans sa vie. Régulièrement, à partir de 1986, Jean-Paul II s'offre aussi une ou deux semaines en altitude : tantôt dans un hameau du Val d'Aoste, les Combes, dont il parle comme d'« un lieu serein où le physique reprend des forces et où l'esprit peut se consacrer à la réflexion et à la contemplation » ; et tantôt à Lorenzago di Cadore, dans les Dolomites, où il crèche dans un chalet de carte postale et se fait guider par un évêque passionné d'alpinisme, Mgr Alberto Maria Careggio, qui a donc toutes les compétences requises pour affirmer à *La Croix*, en 1998, que son supérieur hiérarchique est aussi « un grand théologien de la montagne » qui ne plaisante pas avec l'heure de l'Angélus : « Ce n'est pas plus ou moins à midi. Mais à midi pile. Une fois, cela nous a obligés à prier sur des rochers au milieu d'un gué, et le torrent n'était pas si tranquille. »

Un esprit saint dans un corps sain ?

On ne connaît pas d'image de ce moment-là. On a renoncé à compter les autres. Combien de photos montrent « l'athlète de Dieu » en train de communier avec les sommets ? Et avec quelle part de mise en scène, chez ce pape par ailleurs très cathodique ? Ici, enroulé dans une couverture, Jean-Paul II vient de roupiller sous un béret basque. Là, il porte une casquette blanche, avec une grande canne de bambou dans une main et probablement un chapelet dans l'autre. Et là, *La Vie* le décrit « en tenue d'alpiniste », « vêtu de l'épaisse chemise à carreaux colorés et des culottes bouffantes de lourde futaine, et coiffé du traditionnel chapeau à plume ». À Wadowice, où l'appartement natal de Wojtyla a évidemment été transformé en musée, cette passion pour les panoplies montagnardes s'affiche dès l'escalier de l'immeuble. Les murs sont tapissés de clichés qui, dans des cadres dorés, déclinent religieusement ses différentes tenues : promeneur solitaire, randonneur, skieur. On peut même se recueillir au passage devant les premières baskets de Jean-Paul II, sa lampe de poche, un pull, ses lunettes de ski, des chaussettes en laine où sont brodées ses initiales, « KW »… Avec un peu de mauvais esprit ou, dans ce contexte sacré, de mauvaise foi, il serait assez tentant pour des mécréants de rapprocher cette hagiographie virile de la manière dont un certain Mussolini, par exemple, aimait s'exhiber en costume de bain. Voilà décidément un pape resté proche de la nature et des traditions, en toute simplicité. Et tant pis si l'armada de fonctionnaires déployés par l'État italien pour assurer sa sécurité est, elle, beaucoup moins visible sur les photos de ses expéditions montagnardes.

Quel étrange culte de la personnalité cherche-t-on à célébrer ainsi ? Celui d'un esprit saint dans un corps sain ? « Les montagnes, dit un jour Jean-Paul II, forgent le caractère par une ascèse courageuse et apportent la sérénité à l'esprit au contact de la nature. » Et un autre : « Chacun est appelé à se surpasser soi-même, à chercher les choses d'en haut, à regarder vers les hauteurs. » Cette liturgie vaguement nietzschéenne peut surprendre de la part d'un disciple du Christ, serviteur d'une Église pour qui le salut de l'âme a toujours beaucoup plus compté que l'accomplissement du corps. Il y a peut-être de quoi la rapprocher des positions de Jean-Paul II sur la sexualité. Car s'il est le pape qui sut admettre que l'on peut, parfois, faire l'amour sans avoir la procréation comme but unique, il conditionnera toujours ce genre de plaisir au sacrement du mariage, sans la moindre concession ni pour les célibataires, ni pour les divorcés, ni pour les prêtres, ni pour les homosexuels – ce qui finit par faire du monde, de nos jours. En gros, il restait l'effort physique pour lâcher du lest, sublimer ses désirs dans une autre forme de jouissance et se préserver de l'impureté promise par le péché originel. Les clichés montagnards de Karol Wojtyla sont faits aussi pour nous en donner l'exemple, une fois réinscrits dans la longue tradition des images pieuses. Ils témoignent en tout cas, chez ce pontife pas tout à fait comme les autres, d'un sens aigu de l'incarnation, comme on dit à la fois chez les mystiques et les communicants des grands de ce monde. Incarnation de son personnage, humain trop humain, dans un corps triomphant puis vieillissant et souffrant, mais toujours vaillant, jusque dans ses vacances et le calvaire de ses dernières années. Un corps martyrisé par la maladie dont, au printemps 2005, les innombrables fidèles du pape pourront suivre l'agonie en direct ou presque, comme ils avaient suivi ses descentes à ski dès l'été 1979.

À LIRE Caroline Pigozzi, *Jean-Paul II intime*, Robert Laffont, 2005.

Bernard Lecomte, *Dictionnaire amoureux des papes*, Plon, 2016.

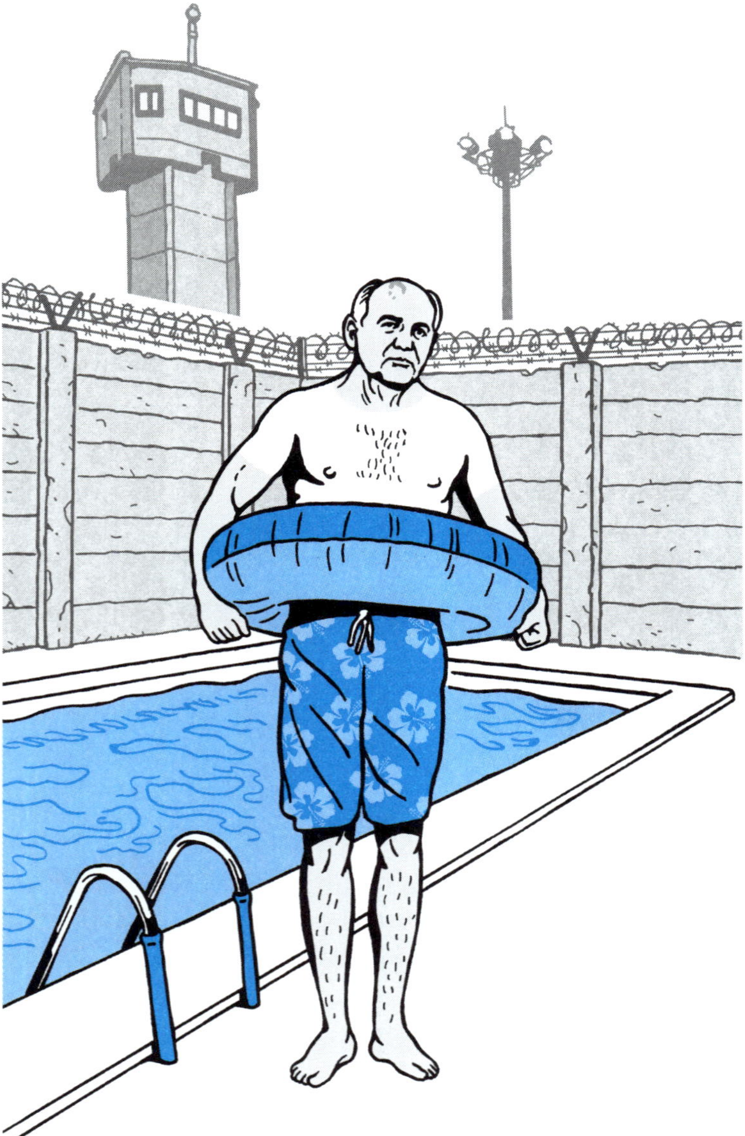

LES VACANCES DE L'HISTOIRE

Gorbatchev bouclé dans sa datcha

Par Timothée Vilars

En août 1991, de vieux apparatchiks profitent des vacances du président de l'URSS pour faire un coup d'État à Moscou. Gorbatchev se retrouve prisonnier en Crimée, avec sa famille…

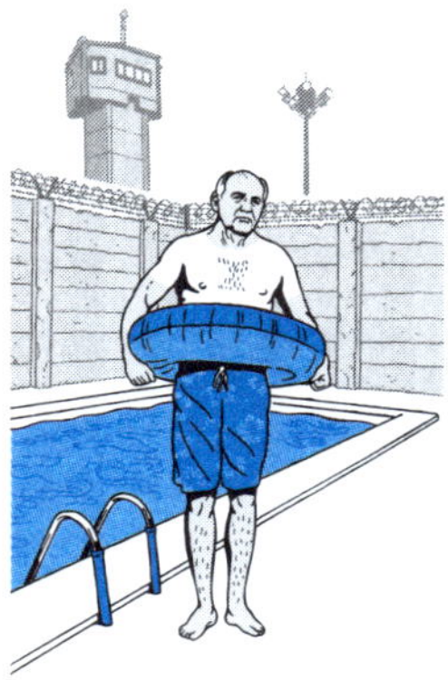

Le mot évoque, pour des millions de Russes, les photos jaunies des étés d'enfance. Tous les Moscovites connaissent le plaisir des datchas, ces maisons de campagne indissociables de l'identité du pays, hors du temps et des vicissitudes urbaines. Dans l'Union soviétique (URSS), ces maisonnettes de bois peinturlurées, entourées de potagers et de palissades, constituaient un espace essentiel de respiration. Les dirigeants suprêmes avaient également les leurs, autrement grandes et luxueuses. Staline passait ses étés près de Sotchi, dans une grande maison surplombant la mer, peinte en vert pour mieux se camoufler. Ses successeurs jettent eux aussi leur dévolu sur les rives de la mer Noire. Ils savent pourtant qu'il ne fait jamais bon s'éloigner trop longtemps de Moscou : c'est pendant ses vacances de l'été 1964 à Pitsunda que Khrouchtchev a été destitué par un coup de force de Brejnev.

En ce mois d'août 1991, Mikhaïl Gorbatchev est donc prévenu. S'il séduit l'Occident, le président soviétique est contesté dans son pays. Funambule politique, habile mais volontiers louvoyant, il horrifie la vieille garde stalinienne sans séduire les réformateurs. Son nouveau plan est un coup de poker. Inquiet de la montée des nationalismes dans les Républiques fédérées, l'architecte de la perestroïka veut transformer l'URSS, exsangue et ruinée, en une union d'États souverains inspirée du modèle européen. L'adoption d'un traité, préparé en catimini, est prévue pour le 20 août. En règle générale, c'est le moment où le dirigeant s'échappe quatre ou cinq semaines de la capitale. Cette année-là, les tractations ont été si âpres, notamment avec le président de Russie, Boris Eltsine, que le chef de l'État a écourté ses vacances. Il se contentera de deux semaines à Foros, en Crimée. C'est dans cette station balnéaire non loin de Yalta que les Gorbatchev se sont fait édifier une datcha de deux étages, entre les collines rocheuses et les bois de cyprès. Les travaux ont été supervisés par la première dame, Raïssa. La maison est dotée d'une piscine donnant sur la mer, d'une terrasse et d'un jardin d'hiver. Les parquets sont en bois précieux, les murs couverts de marbre et de boiseries, les plafonds ornés de frises. Depuis le perron de pierre, une allée mène à une salle de projection, une autre à un tunnel dont les escaliers mécaniques relient la maison à la plage. Ce cocon est pourtant loin du paradis, écrit l'ex-diplomate Vladimir Fédorovski : « Un vent terrible souffle sur les rochers nus. Aucune végétation ne vient égayer les lieux. Seule la mer est d'une beauté à couper le souffle. »

Le couple présidentiel est accompagné de sa fille Irina, de son gendre Anatoli, de ses deux petites-filles, Oksana et Anastasia, et de son médecin. Afin de continuer à travailler, Gorbatchev loge à proximité ses deux secrétaires et son assistant. Dans un premier temps, ces vacances ressemblent à toutes les autres : promenades en forêt, sorties à la plage, disques de Chopin et lecture au bord de la piscine. Obsédé par les batailles qui l'attendent au Kremlin, le président a toutefois du mal à lâcher prise, il rumine. Le traité de l'Union fait paniquer les conservateurs, qui ont appris son existence à la dernière minute. Il ne doit pas échouer. Son dos, lui, le lâche. Alors qu'il randonne dans les collines, il est pris d'un lumbago foudroyant et ne peut plus marcher ni s'asseoir. Il doit être soutenu par ses proches pour rentrer. Il fait venir un spécialiste de Moscou, le docteur Liev, qui lui commande des médicaments introuvables en Crimée. Dès qu'il arrive à Foros, le kiné est stupéfait du niveau de sécurité aux abords de la demeure : herses en travers de la route, véhicules blindés, trente-deux agents de sécurité armés…

Officiellement, Gorbatchev est confiant. Dans un article de prospective, il évoque brièvement le scénario d'un coup d'État, sans y croire. Il y a eu des alertes multiples, mais elles sont si habituelles au Kremlin… Il y a eu surtout ce coup de téléphone du président américain, George Bush. Les États-Unis savent tout des menaces qui planent, ils connaissent même les noms des conjurés. Gorbatchev se mure dans le déni. « Je pensais qu'il fallait être idiot pour jouer son va-tout. Mais, malheureusement, c'étaient des idiots, racontera-t-il à *Novaïa Gazeta* vingt ans plus tard. Nous, nous étions des semi-idiots, y compris moi-même. J'étais épuisé. Je n'aurais pas dû partir en vacances, c'était une erreur. »

« C'est la fin », pense-t-il

Dimanche 18 août. Le docteur Liev examine de nouveau Gorbatchev. « Enlève un nerf, une vertèbre, une jambe, mais demain je dois être à Moscou ! » lui intime ce dernier, à plat ventre. Au prix de longues manipulations et de piqûres, il est enfin soulagé. Après le déjeuner, il monte à son bureau peaufiner son discours, multiplie les coups de téléphone. À 16 h 30, un conseiller avec lequel il vient de raccrocher veut le rappeler pour un dernier détail, mais constate que la tonalité a disparu. Vingt minutes plus tard, le chef de la garde personnelle de Gorbatchev vient lui annoncer qu'un groupe, tout juste arrivé de Moscou par Tupolev, exige d'être reçu. Gorbatchev n'attend personne. « Pourquoi les avez-vous laissés entrer ? » « Ils sont accompagnés de Plekhanov », le chef de la sécurité du KGB. Des véhicules munis de gyrophares et d'antennes radio ont pénétré dans l'enceinte de la datcha, où l'on peut voir plusieurs ZIL, ces grosses limousines noires des dirigeants soviétiques. Gorbatchev veut en avoir le cœur net. Il décroche un téléphone, puis deux, puis cinq. Aucun ne fonctionne. Le circuit intérieur de la résidence est lui aussi débranché. « C'est la fin », pense-t-il. Chantage ? Arrestation ? Enlèvement ? Tout est possible.

Des hommes armés de mitraillettes se postent à l'entrée, au garage, à l'héliport. La route de Sébastopol à Yalta est coupée. Au large de Foros patrouillent trois navires de guerre. Gorbatchev va prévenir Raïssa dans sa chambre. D'autorité, les cinq visiteurs sont déjà montés à l'étage. Parmi eux, un homme que le président attendait encore moins que les autres : Boldine, son propre chef de cabinet. La traîtrise est totale. Il y a aussi l'ingénieur Baklanov, figure de proue du lobby militaro-industriel, et le général Varennikov, commandant en chef de l'armée de terre. Qui les envoie ? « Le comité. »

Quel comité ? « Le comité créé pour gérer l'état d'urgence dans le pays. » La délégation propose une alternative à Gorbatchev : instaurer l'état d'urgence ou démissionner, c'est-à-dire prendre la tête du coup d'État ou en être la victime. Des éclats de voix se font entendre. « Vous n'obtiendrez ni mon départ ni un décret », tempête le dirigeant, qui envoie ses invités surprise « au diable ». Les putschistes repartent, ils sont restés à peine une heure. La séquestration commence. Le personnel est bouclé. La datcha se transforme en camp retranché, encerclée par les unités du KGB qui font face aux gardes présidentiels. Gorbatchev fait les cent pas. Il réunit sa famille, lui demande de suivre ses instructions et de se coucher tôt.

Quand les Russes allument la télévision, le 19 août à l'aube, ils tombent sur une retransmission du *Lac des cygnes*. C'est donc que quelque chose se trame. À 6 h 20, l'agence Tass annonce que le vice-président Ianaïev remplace le président, « malade ». La censure est rétablie, l'état d'urgence institué, l'opposition écartée. 360 chars, 42 véhicules blindés et 4 000 militaires convergent vers la place Rouge. Les Gorbatchev ignorent tout de cette situation, jusqu'à l'après-midi où, avec l'aide de leurs gardes, ils parviennent à bricoler des antennes sur la télévision. Sur un vieux transistor, ils captent la BBC, Radio Liberty, Voice of America – ces radios occidentales à ondes courtes qui faisaient le bonheur des dissidents. Les putschistes donnent une conférence de presse. La scène est anachronique, ringarde : cinq apparatchiks brejnéviens en costume gris, sinistres, font face aux caméras du monde entier. « Mikhaïl Gorbatchev se repose d'une fatigue accumulée. […] Nous espérons qu'il pourra reprendre ses fonctions après son rétablissement », prétend Ianaïev, mal à l'aise.

Conseil de famille sur la plage

Devant l'écran, Gorbatchev bout. Il tient un conseil de famille sur la plage, à l'abri des micros. Nommée « ministre de la Sécurité et de la Surveillance », Raïssa organise la résistance de la maisonnée : méfiante, elle décide de refuser la nourriture apportée par camion. Le groupe rationnera ses trois jours de réserves. À 2 heures du matin, filmé par son gendre, Gorbatchev enregistre une courte vidéo. Les traits graves et tirés, il s'y déclare « en excellente santé », dénonce son isolement et l'état d'urgence qui « peut conduire à la catastrophe ». Sa secrétaire Olga prétexte l'hospitalisation de sa mère pour quitter la datcha, la bande-vidéo dissimulée dans sa culotte, mais les images ne seront rendues publiques que cinq jours plus tard. Bientôt, les gardes déconseillent la plage. Les petites Oksana et Anastasia, insouciantes, regardent la télévision, courent partout. Chez les adultes, la tension monte. Gorbatchev fume, pour la première fois de sa vie. Raïssa ne dort pas. La nuit, elle guette en plissant les yeux les mouvements des navires de guerre qui s'approchent de la côte. Un commando va-t-il débarquer pour les supprimer ? Les Gorbatchev tentent d'adresser des signes aux vacanciers du sanatorium voisin. L'objectif : « Faire que le plus de gens possible puissent voir le président en bonne santé », selon Raïssa.

Mercredi 21 août, troisième jour de captivité. Par la BBC, les Gorbatchev apprennent que le chef du KGB, Krioutchkov, a accepté qu'une délégation se rende à Foros pour évaluer l'état de santé du président déchu. « Nous en avons tous conclu qu'ils avaient des intentions criminelles », écrit Gorbatchev. C'est la panique. Et si les piqûres du kiné envoyé de Moscou avaient été empoisonnées ? « Raïssa a eu à ce moment une grave attaque dont elle a gardé des séquelles » : mâchoire figée, la première dame, dont les grands-parents ont été tués par la répression stalinienne, est incapable de prononcer un mot. Elle gardera une paralysie partielle de la main.

Embrassades et délivrance

Un premier groupe arrive à la résidence : trois putschistes, dont le chef du KGB, Krioutchkov, en personne. La mine sombre, ils tentent une dernière fois de convaincre le chef de l'État de s'allier à eux, afin de sauver ce qui peut l'être. Entre-temps, leur interlocuteur a compris que le putsch a capoté. D'immenses manifestations démocratiques ont eu lieu en Russie, Eltsine a harangué la foule en montant sur un char. Dans un accrochage, trois manifestants sont morts écrasés sous les chenilles. Les putschistes ont pris peur et reculé face au risque de guerre civile. Gorbatchev gagne du temps et exige le rétablissement des lignes téléphoniques. Il appelle le Kremlin, prend ses dispositions. Sur ces entrefaites, une deuxième délégation arrive, celle des pro-Eltsine. Cette fois, ce sont les embrassades et la délivrance. Peu après, Gorbatchev peut appeler Bush, auquel il annonce son retour à Moscou. Il accueille la presse et balaie les rumeurs – qui resteront tenaces – sur son implication supposée dans le putsch manqué, « de complètes idioties ».

À leur descente à l'aéroport de Vnoukovo, le monde découvre les visages éprouvés de la famille présidentielle. Rentrés dans un second avion, les putschistes sont arrêtés. Dénuée de stratégie et de leader, leur piteuse tentative a fait long feu. Mais le pays que Gorbatchev avait quitté le 4 août n'est plus le même. La Lettonie vient de déclarer son indépendance. L'Ukraine le fera trois jours plus tard. Et c'est bien Eltsine, incarnation du renouveau démocratique, qui sort grandi de cette semaine folle. Il peut suspendre le Parti communiste, sous les acclamations du Parlement, face à un président soviétique médusé et dépassé. La désintégration s'accélère. Chef d'État fantoche d'un pays qui n'existe plus, Gorbatchev reste passif lorsque, début décembre, Eltsine s'enferme avec ses homologues ukrainien et biélorusse dans un pavillon forestier près de Minsk, pour proclamer que l'URSS a cessé d'exister. Le jour de Noël 1991, il quitte le pouvoir ; entre-temps, Foros est devenue une ville ukrainienne.

À LIRE Mikhaïl Gorbatchev, *Le Putsch*, Olivier Orban, 1991.

Ulysse Gosset et Vladimir Fédorovski, *Histoire secrète d'un coup d'État*, J.C. Lattès, 1991.

Bernard Lecomte, *Gorbatchev*, Perrin, 2014.

LES VACANCES DE L'HISTOIRE

Chasse, pêche et mauvaise nouvelle à Balmoral

Par Barbara Krief

Durant la belle saison de 1997, comme tous les ans, les Royals passent leur été en famille, en toute intimité, dans leur château écossais. Divorcée depuis un an, la princesse Diana vit, de son côté, une nouvelle romance qui fait la une des magazines…

Il faut d'abord troquer le soleil tapageur de Saint-Tropez pour la brume écossaise d'Aberdeenshire. Au cœur de l'été 1997, les deux dauphins de la couronne britannique, William, quinze ans, et Harry, douze ans, passent quelques jours avec leur mère, la princesse Diana, dans les eaux tièdes de la Méditerranée, surplombée par la magnifique villa d'un ami très riche. Enfants de parents divorcés, les jeunes Royaux doivent maintenant rejoindre leur père, le prince, et leur grand-mère, la reine, au château de Balmoral. C'est loin : à 800 kilomètres du palais londonien de Buckingham, soit à neuf heures de route (mais beaucoup moins en hélicoptère). Le contraste entre la chaleur du sud de la France et la fraîcheur de la pierre des Highlands provoque « un choc pour l'organisme », se rappellera Harry des années plus tard, dans son autobiographie, *Spare*. Ici, les scooters des mers sont remplacés par les fusils de chasse ancestraux d'une famille qui semble avoir le sang mêlé à la sève des sapins du parc. Ce domaine immaculé de 20 000 hectares n'est pas une propriété parmi les nombreuses autres dont jouit son altesse royale. C'est une des seules à ne pas appartenir à la Couronne (c'est-à-dire au Royaume, et donc financée par les contribuables britanniques), mais au patrimoine familial. Louée pour la première fois à la fin du XIXe siècle, la résidence a ensuite été offerte par le prince Albert à sa femme, la reine Victoria. À la fois théâtre des pique-niques les plus bucoliques du Royaume et des décès qui ont marqué l'Histoire, l'humble bâtisse, devenue château de conte de fées à mesure de ses agrandissements, s'est hissée, dans la légende des Windsor, au rang de membre de la famille.

Quand les garçons posent leurs valises, en cet été 1997, ils s'imaginent donc passer des vacances qu'ils connaissent déjà par cœur, bercés par un ronron qui semble préserver des drames.

« Entre Disneyland et un bosquet sacré de druide »

C'était « comme l'année précédente et celle d'encore avant, se souvient d'ailleurs Harry dans *Spare*. Balmoral avait sa propre micro-saison, un interlude de deux semaines dans les Highlands écossais pour marquer le passage du plein été aux balbutiements de l'automne ». Ce n'est pas un hasard si le prince cadet, qui a pris ses distances avec ses racines lorsqu'il écrit, choisit ce décor pour commencer le premier chapitre de ses Mémoires. Dans son livre, se rêvant poète, il compare ses inaccessibles souvenirs d'orphelin aux impénétrables tourelles de la demeure. Dans la série *The Crown*, qui s'inspire de faits réels mais y ajoute sa fiction, le personnage du prince William confie avoir choisi pour suivre ses études supérieures l'université de St. Andrews, en Écosse, notamment parce qu'elle se situe à deux heures de route seulement de ses collines bien-aimées. Une prise de liberté scénaristique qui veut montrer l'attachement de la famille à sa maison de campagne hors normes. En lisant les nombreuses descriptions de ce lieu de villégiature privilégié, faites aussi bien par les membres de la famille eux-mêmes que par la presse people ou les magazines de décoration, on croit entendre la voix de Julie Andrews fredonner *The Hills Are Alive*, alors qu'elle tourbillonne joyeusement entre les marguerites dans le film *La Mélodie du bonheur*. Seul l'ancien Premier ministre britannique Tony Blair qualifie l'endroit d'« étrangement bizarre ». « Pour moi, Balmoral, c'est le paradis, tout simplement. Un mélange entre Disneyland et un bosquet sacré de druide », confirme encore Harry. L'illustre grand-mère Élisabeth II, « Granny » comme l'appellent ses petits-enfants, n'en pensait sûrement pas moins. On dit même que c'est là qu'elle était la plus heureuse. Familière des lieux depuis sa tendre enfance, elle y a été demandée en mariage par Philip en 1946 avant d'y passer une partie de sa lune de miel l'année suivante. Depuis ces années-là, Balmoral a été un véritable refuge pour celle qui pouvait y troquer ses rigides chapeaux criards contre de fluides carrés de soie. À Balmoral, c'est au grand air que l'on passe ses journées.

La reine, en joie, virevolte

Durant cet été 1997, semblable à tous les autres, donc, la reine vit dehors, en Barbour, gilet molletonné, jupe écossaise, collants épais et bottes de pluie. Avec elle, Harry, William, Charles et leurs innombrables chiens adorés profitent d'un écrin de verdure géant, débarrassés de leurs obligations royales et préservés des projecteurs. De vraies vacances, en somme. Seule obligation royale : le Ghillies Ball, organisé chaque année entre la fin du mois d'août et le début du mois de septembre par la famille pour remercier ses employés de maison de leurs bons et loyaux services. Une tradition qui date de l'acquisition du château, au XIXe siècle. Les hommes portent le kilt, les femmes s'enroulent dans une écharpe en tartan. De cette sauterie très codifiée, il n'existe pas beaucoup de photos, puisque l'événement est privé. Mais, sur les rares clichés qui ont pu être diffusés, on voit la reine en joie, virevolter entre deux partenaires de danse. En attendant le grand bal, le programme est champêtre : lecture, chasse, pêche, grandes enjambées dans les hautes herbes, inspection du vieux château et longues marches de plusieurs heures à travers les chemins de l'immense propriété. Quand la reine ne se balade pas à pied, elle se met au volant de son Land Rover ou monte à cheval. Plaisir coupable d'une bonne partie des estivants européens, le barbecue est aussi très prisé à Balmoral. Le prince Philip, l'époux de la reine Élisabeth II, avait même acquis une réputation de roi des grillades. La reine, elle, selon ses petits-enfants, maîtrise l'art de la sauce salade. Bien lotie dans ses Highlands chéris, c'est là que la raisonnable et exemplaire monarque desserre enfin la ceinture. Un de ses plats favoris ? Le saumon fumé directement pêché dans le Dee, ce fleuve qui parfait le chatoyant décor, selon un de ses anciens chefs personnels, cité par *Hello !*, le magazine people fan de la royauté. Les Windsor consomment local, mais gourmand. Pour changer du poisson, ils se font servir le cerf qu'ils ont chassé eux-mêmes dans un burger accompagné de canneberges, mais sans pain, pour ne pas avoir à manger avec les mains. D'illustres et célèbres invités de passage dans la région viennent parfois s'ajouter autour de la table. Plus surprenant, à la fin du repas, la reine enfile des gants en caoutchouc pour faire la vaisselle. C'est Tony Blair, tout aussi étonné, qui racontera l'anecdote après sa visite. Dans sa lointaine Écosse, Sa Majesté est « la plus heureuse », mais aussi la plus normale, la plus comme tout le monde. C'est aussi le lieu où Charles retrouve son âme d'enfant. Il cache des noisettes dans les poches de ses manteaux pour ravir les écureuils roux, espèce en danger typique des alentours. Selon son fils William, il irait même jusqu'à les inviter à l'intérieur du château.

Charles en kilt, Diana en maillot rose

Pas avare de son bonheur, le 12 août 1997, la famille royale organise une séance photo pour partager ces instants de doux plaisirs avec ses fidèles. On y voit les enfants William et Harry, proprets, en chemise et pantalon bien repassés, entourant leur père, Charles, vêtu d'un kilt écossais, le *sporran* (une sacoche, écossaise elle aussi) à la taille et les mains négligemment posées sur une canne qui, par la précision de ses finitions, évoque un sceptre. Sur une autre photo, moins formelle, prise ce même jour, William fait ricocher des galets dans le Dee tandis que Widgeon, le labrador noir, s'élance à sa poursuite. Images parfaites d'une famille exemplaire. Comme une réponse (même si la séance photo était en réalité prévue de longue date) aux clichés d'une Diana dans tous ses états qui se frayent chaque jour un chemin, depuis l'autre côté de la Manche et jusque sur la table à manger du château, via la presse à scandale.

Pourtant, en 1981, c'est au bord de la même rivière écossaise que Diana profitait de sa lune de miel royale, après avoir épousé le célibataire le plus en vue du pays. Seize années plus tard, la mère des petits princes ne pourrait pas être plus loin de la verdoyante et profonde campagne du royaume. Son ami Mohamed Al-Fayed, qui a l'âge d'être son père, l'a encouragée à profiter de ses villas et de ses yachts autant qu'elle le souhaite. C'est comme ça, entre deux plongeons, qu'elle se lie à Emad, dit Dodi, le fils adoré du millionnaire. La rumeur veut qu'il s'agisse d'une rencontre arrangée par le père, qui veut s'offrir l'estime des aristocrates britanniques et, avec, la nationalité du pays. Certains y voient plutôt un flirt passager, dans lequel la princesse se console de sa récente rupture avec Hasnat Khan, un chirurgien cardio-thoracique d'origine pakistanaise rencontré en 1995. Tandis que d'autres, encore, veulent croire à la romance de l'année, annonciatrice d'un remariage de la mère du futur roi d'Angleterre.

Arrangée ou non, dévorante ou passagère, l'idylle passionne les journaux, qui surenchérissent jusqu'à des montants inédits pour se payer un morceau de ce croustillant roman-photo en exclusivité. Ainsi, le 10 août, soit deux jours avant la photo des Royaux en goguette dans les galets, la princesse apparaît en maillot de bain rose Barbie, la peau dorée par le soleil, enlaçant – voire embrassant, c'est selon ce que l'on veut y voir – Dodi en couverture du magazine people britannique *Sunday Mirror*. En réalité, ce jour-là, Diana est déjà ailleurs. Elle fait du bénévolat en Bosnie-Herzégovine, puis rejoint une copine sur une île grecque, avant de retrouver à nouveau son Dodi pour une énième croisière romantique. Tandis que ses fils apprennent à chasser et jouent sagement entre deux bosquets, « la princesse des cœurs » fait trois fois le tour de l'Europe, paraît se téléporter et donne le tournis à son austère ancienne belle-famille, qui suit ses frasques entre deux gorgées de thé, les dents serrées d'embarras.

Pour les dernières vingt-quatre heures d'une saison estivale d'anthologie, Diana prévoit un détour par Paris avant de rentrer à Londres. Afin de clore la journée, le jeune couple qu'elle forme avec Dodi décide d'aller dîner au Ritz, palace de la place Vendôme qui appartient au père du *bachelor*. Cette fois, pas d'étendue d'eau salée entre le couple et les paparazzis. Les photographes collent à leurs talons jusqu'à la suffocation. Pour leur échapper, Dodi et Diana s'éclipsent par la sortie de service, à bord d'une Mercedes noire. Leurs montres indiquent qu'on est un peu après minuit, qu'il est temps de rejoindre l'appartement de Dodi et d'aller au lit. Alors que la Mercedes s'élance dans la nuit chaude de l'été parisien, Harry, douze ans, et William, quinze ans, dorment déjà profondément, bercés par le chant des grenouilles de Balmoral, la couverture probablement jusque sous les yeux pour faire barrage à cette humidité écossaise qui rentre sous la peau pour coloniser les os. Plus tôt dans la journée, les garçons ont pu parler à leur mère au téléphone. Ils ont partagé quelques banalités, lui ont peut-être raconté le menu de leur déjeuner ou le jeu qui les avait amusés ce jour-là. Puis, ce 30 août 1997, repus d'une autre délicieuse journée au grand air entourés de leur père, les princes sont allés, comme tous les soirs, se coucher, s'enfonçant dans ce sommeil profond qu'on atteint sans peine à la fin des belles journées d'été. Au beau milieu de la nuit, alors que les adultes dorment désormais eux aussi, la sonnerie du téléphone fend le silence du château.

À LIRE Prince Harry, *Le Suppléant*, Fayard, 2023.

Sally Bedell Smith, *Élisabeth II. La vie d'un monarque moderne*, Équateurs, 2018.

Jérôme Carron, *Élisabeth II, reine du siècle*, Éd. Point de vue, 2011.

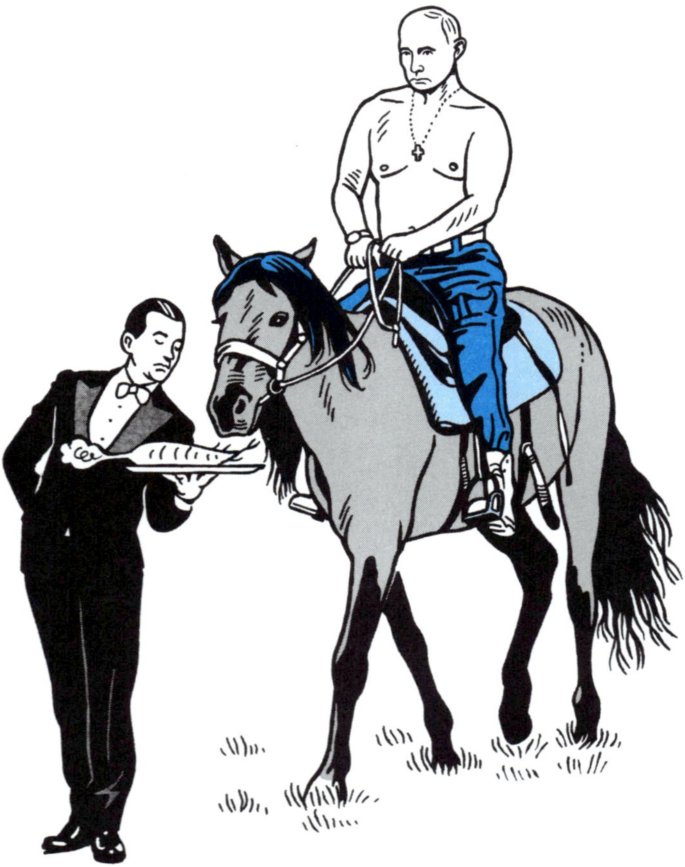

LES VACANCES DE L'HISTOIRE

Poutine en athlète des steppes

Par Timothée Vilars

La photo du nouveau tsar en cavalier torse nu a fait le tour du monde. Elle témoigne de son goût pour des vacances hyperactives, et sert au passage sa propagande viriliste. Le président russe est plus discret sur des loisirs autrement dispendieux, comme l'achat compulsif de résidences de vacances hors de prix.

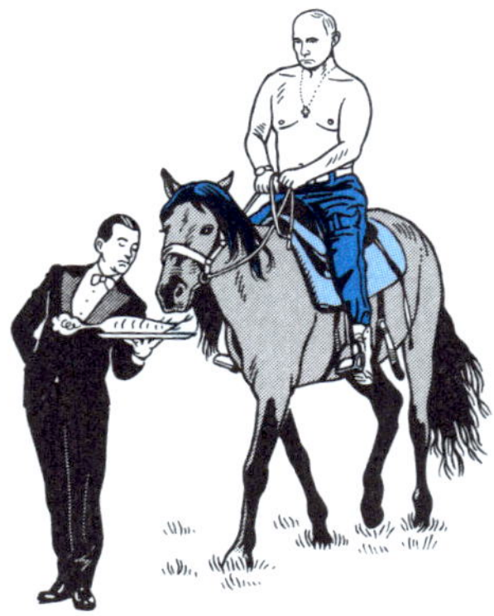

La Russie a envahi l'Ukraine quatre mois plus tôt, et le spectre de Vladimir Poutine hante le château bavarois d'Elmau, où se déroule le sommet du G7 en cette fin juin 2022. Les plaisanteries fusent à la table de travail des leaders occidentaux. « On garde la veste ? On enlève la veste ? On peut retirer nos vêtements ? suggère le Britannique Boris Johnson à la cantonade. Nous devons montrer que nous sommes plus forts que Poutine. » Le Canadien Justin Trudeau renchérit : « Nous allons avoir droit à la démonstration d'équitation torse nu ! » « Nous devons leur montrer nos pectoraux », insiste Boris Johnson. On voit à quel point l'imagerie viriliste véhiculée par le dirigeant russe a marqué, jusque dans le retour de la guerre en Europe, l'inconscient collectif occidental : la photo à laquelle font référence les deux dirigeants date de plus d'une décennie !

C'est le 3 août 2009, dans le décor rugueux des montagnes de l'Altaï, près de la Mongolie, que Poutine a enlevé le haut pour cette séquence qui a fait le tour du monde : torse nu, croix orthodoxe autour du cou et coutelas à la ceinture, il monte son cheval dans une pose d'Attila du troisième millénaire, face aux appareils photo d'agences de presse amies, jamais très loin de ses lieux de vacances. Lors de cette période 2008-2012, où il est empêché par la Constitution russe d'exercer un troisième mandat présidentiel d'affilée, son lieutenant Dmitri Medvedev assure l'intérim au Kremlin. Descendu d'un rang, le désormais Premier ministre surenchérit alors dans sa propagande personnelle afin que personne ne puisse oublier ses ambitions. En quelques années, le terne fonctionnaire au cheveu rare du FSB s'est métamorphosé en mâle alpha incarnant le renouveau vital du pays. « Après les gérontes soviétiques moribonds d'une Union soviétique agonisante, après l'alcoolisme brouillon et malade d'un Boris Eltsine qui menait une transition libérale chaotique, voilà donc un "président sain pour un pays sain" », résume Jean-Baptiste Naudet dans *Le Nouvel Observateur*.

Siberian holidays et fausse chasse à la baleine

Place, donc, à la vie au grand air et au bras de fer avec la nature sauvage, des récits qui collent avec l'imaginaire national. Ses villégiatures estivales à Kyzyl, dans les steppes isolées de la république de Touva, pays de bergers et de chamanes à l'extrême sud de la Sibérie, en offrent le cadre idéal. Poutine s'y était d'ailleurs déjà montré torse nu en 2007 à l'occasion d'une partie de pêche sur le fleuve Ienisseï, en compagnie du prince Albert II de Monaco. Dix ans plus tard, il s'illustre encore canne à pêche en main, plongé jusqu'aux genoux dans les eaux glacées d'un lac de montagne, aux côtés d'un de ses plus proches lieutenants, l'inamovible ministre de la Défense Sergueï Choïgou, natif de la région. Choïgou, qui accompagne le président russe dans tous ses périples en région touvaine, entre rafting et randonnées rocailleuses, se prête volontiers aux mises en scène de leur camaraderie virile. Cette intimité avec le leader du Kremlin lui sera d'ailleurs bien utile pour rester aux commandes de l'armée russe en 2023, au plus fort de la crise l'opposant au mutin Evguéni Prigojine. Il n'est pas seul à profiter de l'attachement de Vladimir Poutine pour les vacances en Sibérie : alors que les touristes russes sont désormais privés de nombreuses destinations étrangères depuis l'invasion de l'Ukraine, Rostourism tente de promouvoir des *siberian holidays* en incitant les Russes à venir visiter « les endroits où le président adore se relaxer ».

En matière de relaxation, les vacances du maître du Kremlin appartiennent plutôt au registre hyperactif. Cet homme qui ne prend jamais son petit-déjeuner avant ses deux ou trois heures d'exercice matinal aime vraiment les sports extrêmes, mais quand la presse russe le montre en deltaplane, en tenue de camouflage, nageant le papillon dans les rivières sibériennes, slalomant sur les pistes de Krasnaïa Poliana, dans le Caucase, sur un quad, en kimono de judoka, pistolet à la main ou un brochet de 20 kilos sous le bras, il y a évidemment de la mise en scène. Le souci d'accumuler ces séquences spectaculaires, tout droit sorties d'un film à mi-chemin entre *Mission impossible* et *Bob Morane*, remonterait à une initiative fondatrice : en octobre 1999, alors qu'il s'apprête à être nommé président, Vladimir Poutine se fait photographier sur la base aérienne de Krasnodar dans le cockpit d'un avion de chasse, qu'il pilote pendant quelques minutes. L'image, d'une grande modernité, impressionne et donne des idées à son protagoniste. Parfois, il trouve un prétexte scientifique à ces exploits toujours soigneusement télévisés. En 2008, dans la taïga, il neutralise un tigre avec une fléchette anesthésiante. En août 2009, en Extrême-Orient, il se glisse dans une combinaison de plongée pour fixer lui-même un émetteur sur le dos d'un béluga. Quelques jours plus tard, le voilà qui explore le lac Baïkal à bord d'un sous-marin. En avril 2010, il participe à une expédition polaire dans l'archipel François-Joseph : cette fois, il passe un collier émetteur au cou d'un ours endormi, afin de suivre l'itinérance du plantigrade par satellite.

Le même été, voilà le Premier ministre Poutine qui, à 57 ans, se lance le défi d'un vrai « road-trip » d'étudiant : s'avaler les 2 000 kilomètres du tout dernier tronçon de l'autoroute transsibérienne entre Tchita et Khabarovsk au volant d'une Lada Kalina jaune, histoire de prouver la fiabilité des voitures populaires *made in*

Russia. Les télévisions le montrent faisant le plein en solo à la station-service, dissimulant la présence de l'impressionnante caravane médiatique qui l'accompagne ainsi que… deux Lada de rechange en cas de pépin technique. Fin août, il participe à une fausse chasse à la baleine, harpon en main, dans les eaux arctiques du Kamtchatka. À l'automne, le revoilà au volant d'une Formule 1 sur un circuit de Saint-Pétersbourg, atteignant, paraît-il, la vitesse de 240 kilomètres/heure. En juillet 2013, il descend au fond du golfe de Finlande à bord d'un bathyscaphe pour inspecter, à 60 mètres de profondeur, l'épave de la frégate russe *Oleg*. Toujours plus loin, plus haut, plus fort. « Il reste quelque chose en lui d'enfantin », assurait il y a quelques années dans *L'Express* Alexeï Venediktov, figure de la radio russe d'opposition Echo. « C'est comme si le petit garçon pétersbourgeois issu d'un milieu très modeste voulait accomplir tout ce dont il n'osait rêver enfant. Je suis certain que si son service de sécurité l'y autorisait, il embarquerait dans une fusée pour le cosmos. » Mais la mise en scène connaît parfois des ratés. En août 2011, il plonge avec bouteilles sur le site archéologique de Phanagorie, une colonie grecque engloutie par la mer Noire. Au bout de dix minutes, Poutine remonte avec deux amphores « vieilles de quinze siècles », propres comme un sou neuf – aucune algue, aucun coquillage. Une pêche miraculeuse qui déclenchera les sarcasmes des spécialistes et des aveux embarrassés du porte-parole du Kremlin, qui confirme à demi-mot que les amphores ont été replacées là bien après leur véritable découverte.

Des bidets à 10 000 euros

Si elles ont le mérite d'imposer un style, ces excursions à forte exposition médiatique sont toujours de courte durée. Vladimir Poutine, travailleur acharné et maniaque du détail, aurait fait reconstituer à l'identique son bureau de Moscou à Botcharov Routcheï, sa résidence de vacances officielle dans la région de Sotchi, au bord de la mer Noire. Il a pris ses quartiers dès 2000 dans cette vaste demeure des années 1950, surnommée « le Kremlin sous les palmiers », à quelques encablures de la datcha de Staline. Poutine s'y rend plusieurs fois par an. S'il profite de ces séjours pour s'adonner aux sports nautiques et au ski, la villa est avant tout une vitrine privilégiée de son pouvoir, à deux pas des sites de sa grand-messe sportive, les jeux Olympiques d'hiver de 2014. Au cœur d'une région balnéaire prisée de l'aristocratie impériale russe au XIXe siècle, la résidence, située dans un immense parc aux allées plantées de lauriers-roses, offre une vue plongeante sur la mer. Le nouveau tsar russe y a invité Bush, Cameron, Berlusconi, Bono et Depardieu. Angela Merkel, reçue en janvier 2007, en garde un souvenir mouvementé. Parfaitement renseigné sur la phobie des chiens dont est atteinte son invitée, Vladimir Poutine laisse son labrador noir Koni faire irruption dans le salon en pleine séance photo. Face au crépitement des flashs qui n'en perdent pas une miette, la chienne rôde longuement autour des jambes de la chancelière allemande, sous le regard amusé de son maître. Angela Merkel esquisse un mouvement de recul mais se maîtrise. « Je connais par cœur ces méthodes typiques du KGB », raconte à ses équipes la chancelière, qui a grandi en Allemagne de l'Est.

Avec son héliport, ses deux piscines et ses vingt chambres à la hauteur sous plafond vertigineuse, Botcharov Routcheï ne manque pas de charmes. À côté des autres propriétés officieusement attribuées au maître du Kremlin, elle n'est qu'une bicoque. Les habitants du nord de Saint-Pétersbourg ont ainsi pris l'habitude de surnommer « la datcha de Poutine » un complexe résidentiel en bois ultra-luxueux situé en pleine forêt près de la frontière finlandaise, sur un terrain de 420 hectares, situé sur les rives du plus grand lac d'Europe, le Ladoga. L'existence de la propriété, qui porte avec un sens consommé de l'euphémisme le nom de « Cabane du pêcheur », a d'abord été révélée en 2016 par la chaîne indépendante russe Dozhd. Celle-ci a découvert que la société foncière détentrice du terrain appartenait à Youri Kovaltchouk, un milliardaire russe souvent appelé « le banquier de Poutine ». La résidence a également fait l'objet d'une enquête de l'Organized Crime and Corruption Reporting Project (OCCRP), un consortium international de journalistes, publiée en juin 2022. La construction révélerait le goût secret de Vladimir Poutine pour le luxe le plus extravagant : un toit entièrement recouvert de pierres semi-précieuses (lapis-lazuli, labradorite...), des bidets à 10 000 euros, des pommes de douche à 4 000 euros, un sol en marbre et une piscine intérieure, sans oublier une brasserie privée, un salon de thé, une chute d'eau naturelle et une ferme.

Mais la « Cabane du pêcheur » ne serait même pas la plus délirante de ses résidences secondaires. Un documentaire à sensation réalisé par la fondation de feu l'opposant Alexeï Navalny, mis en ligne le 19 janvier 2021 au lendemain de son arrestation, a révélé une mine d'informations sur ce que l'on appelle désormais « le palais de Poutine ». Les fastes du palais de Guelendjik, immense demeure de style néoclassique juchée au sommet du cap Idokopas, surplombant la mer Noire, concentrent tous les superlatifs. En construction depuis 2005, la résidence de 17 700 mètres carrés comporterait notamment une orangerie de 2 500 mètres carrés, deux héliports, une patinoire souterraine permettant de jouer au hockey sur glace, un étang, une piscine, des bains turcs, des saunas, un casino, un théâtre, un cinéma, une salle de lecture, un circuit de voitures miniatures, une centrale électrique, plusieurs bâtiments pour loger le personnel, un tunnel reliant la résidence à la plage, un port privé et même une église. La superficie totale de la propriété atteint 70 km^2, dont 300 hectares de vignes. Dès 2011, l'hebdomadaire d'opposition *Novaïa Gazeta* publiait des documents tendant à prouver que le palais, dont le chantier estimé à 1,1 milliard d'euros a été successivement confié à plusieurs oligarques proches du pouvoir, aurait été bâti pour l'usage personnel du chef de l'État, en prévision de ses vieux jours. Kolesnikov assure que Poutine est depuis le début très impliqué dans l'aménagement du lieu. « L'idée était qu'il dispose d'un lieu de retraite lorsqu'il quittera la présidence », avance-t-il – ce qui n'est pas près d'arriver, l'autocrate s'étant arrangé avec la Constitution russe pour s'autoriser à rester au pouvoir jusqu'en 2036. Dans le palais, à la façade flanquée d'un aigle impérial en or, la chambre du maître des lieux occuperait pas moins de 260 mètres carrés. Parmi les 47 canapés sur mesure, le plus cher coûterait 225 000 euros. La table la plus chère dépasse 40 000 euros et dans les toilettes, la brosse de fabrication italienne coûte 690 euros et le support du rouleau de papier 1 030 euros. La construction est l'œuvre de l'architecte italien Lanfranco Cirillo, devenu la coqueluche des oligarques dans les années 2000 et naturalisé russe par faveur présidentielle. « Je n'ai jamais parlé avec Poutine de ce projet, je ne l'ai jamais rencontré sur ce chantier où je suis allé des centaines de fois », jure-t-il à *Paris Match* en 2023.

Financements douteux

Vue 130 millions de fois sur YouTube, la vidéo d'Alexeï Navalny explore pendant deux heures les méthodes du président milliardaire pour masquer son patrimoine unique au monde derrière des montages financiers élaborés et des détournements de fonds publics. Dix ans plus tôt, Sergueï Kolesnikov, l'homme d'affaires ayant révélé le scandale, racontait déjà comment le palais avait été financé par l'importation de matériel médical par Moscou, revendu deux ou trois fois plus cher aux hôpitaux russes. Amis, famille, partenaires de sport… Jamais Vladimir Poutine n'est directement lié aux organisations qui gèrent ses actifs – yachts, vignobles, maisons de luxe, rien ne porte le nom du président russe, pourtant régulièrement cité comme l'homme le plus riche du monde. Pas moins de six yachts sont liés à lui par la presse, dont le plus grand, le *Scheherazade*, mesure 140 mètres de long et coûterait plus de 500 millions de dollars – il a été saisi par les autorités italiennes en 2022, trois mois après l'invasion de l'Ukraine.

Il y a un autre endroit où l'on n'est pas près de revoir le président russe en maillot de bain : Biarritz. L'ombre du clan y est omniprésente. Son ex-gendre Kirill Shamalov, resté intime du pouvoir, y est propriétaire d'un manoir, la villa Altamira, saisi par la France après l'invasion de l'Ukraine. Son ex-femme possède à Anglet la luxueuse villa Susanna, une grande maison Art déco sur le front de mer. L'heureux investisseur avait misé sur « la reine des plages » avant même de devenir président. Europe 1 révélait en 2022 que l'ancien espion avait acheté dès 1996 une belle maison de deux étages baptisée « le chalet des rochers ». Située rue de la Frégate, en plein centre de Biarritz, elle était jusque-là surtout connue pour avoir été un lieu de résidence du compositeur Igor Stravinsky. Employé de la mairie de Saint-Pétersbourg à 1 000 euros par mois puis de l'administration présidentielle, Poutine avait alors interdiction de sortir de l'argent du pays, ce qui ne l'a pas empêché d'acheter cette maison pour 400 000 dollars, au nom de sa fille – elle en vaut aujourd'hui 2 millions.

En juillet 1999, quand Boris Eltsine, malade et épuisé, demande à l'oligarque Boris Berezovski d'aller proposer le pouvoir à l'homme qu'il pressent comme dauphin, celui-ci est d'ailleurs en vacances sur la côte basque avec sa femme et ses deux filles. Vladimir Fédorovski raconte la scène dans *Le Roman de Saint-Pétersbourg*. Lorsque Berezovski débarque en jet privé à Biarritz pour rencontrer secrètement l'ex-colonel du KGB, il est agréablement surpris que ce dernier ait choisi cette discrète résidence plutôt que le clinquant de la Côte d'Azur. Poutine se laisse convaincre et fait ses valises. Le 9 août, il est nommé Premier ministre. Un quart de siècle plus tard, il n'a pas lâché le pouvoir. Mais il ne profite plus du soleil basque : en 2022, la villa Altamira a même été un temps occupée par des squatteurs… désireux de réquisitionner les manoirs de son clan pour y loger des réfugiés ukrainiens.

À LIRE *Putin's datcha*, enquête de l'OCCRP, consortium de journalistes d'investigation anti-corruption, 23 juin 2022.

Un palais pour Poutine, documentaire de la fondation anticorruption d'Alexeï Navalny, diffusé le 19 janvier 2021.

William Molinié, *Sur les traces du clan Poutine à Biarritz*, enquête diffusée sur Europe 1, 25 février 2022.

TABLE

Introduction.
Un mot avant le grand départ.........7

Orgies romaines dans
le Saint-Tropez de l'Antiquité.........17

Louis-Philippe chez
les Indiens d'Amérique....................27

Les cures très diplomatiques
de Napoléon III...............................43

Sissi par monts et par mers............53

Tu Duc, l'empereur du Vietnam
se repose en son tombeau...............65

Victoria, une Anglaise
sur la Promenade..............................77

Ranavalona III, une reine
malgache sur le Bassin.....................89

Lénine à la plage.............................103

Clemenceau, le Tigre
s'en va-t-aux Indes...........................115

Le Duce en maillot........................127

Hitler en ses montagnes.................139

Churchill et Roosevelt
en week-end à Marrakech..............149

Le grand bain en avant
du Président Mao...........................161

Dernier été à Cape Cod.................171

De Gaulle en goguette
chez Franco.......................................183

Les virées maudites
du shah d'Iran...................................195

Giscard et la vengeance
de l'antilope....................................207

Le pape fait du ski.........................223

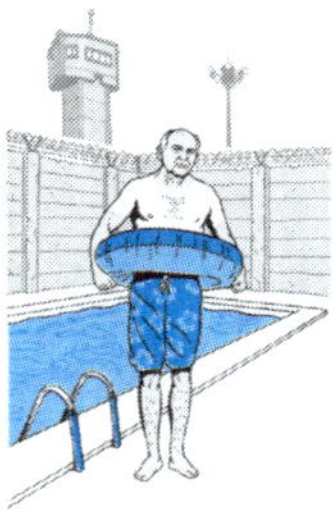

Gorbatchev bouclé
dans sa datcha..................................237

Chasse, pêche et mauvaise
nouvelle à Balmoral..........................249

Poutine en athlète
des steppes.......................................261

NORD COMPO
multimédia

Composition et mise en pages
Nord Compo à Villeneuve-d'Ascq

Achevé d'imprimer en avril 2024
par Normandie Roto Impression s.a.s.
61250 Lonrai
N° d'impression : 2401645
N° d'édition : 632836-0
Dépôt légal : mai 2024

Imprimé en France

Éditions Flammarion

Coordinatrice éditoriale
Anavril Wollman

Conception graphique
et direction artistique
François Durkheim

Fabrication
Fanny Criton